MANUAL DE TÉCNICAS DE ESTUDIO: L2SERAE

Manual del estudiante

MANUAL DE TÉCNICAS DE ESTUDIO: L2SERAE

Manual del estudiante

Equipo de Cepteco

—

Primera edición: junio 2022

Manual de Técnicas de Estudio: L2SERAE. Manual del estudiante

Copyright © 2022 Equipo de Cepteco:

David Cueto, Nicolás Merino y Miguel Ángel Cueto

Diseño de la portada: Alba de la Torre González

Dibujo de la portada y dibujos: Elena Fernández Castro

Editado por Cepteco. Plaza Cortes Leonesas, 9-6º Dcha. 24003 León (España)

www.cepteco.com / info@cepteco.com

Título de la obra en tres volúmenes: Manual de Técnicas de Estudio: L2SERAE

ISBN de la obra: 978-84-121834-4-3

ISBN de este libro: 978-84-121834-5-0

Depósito legal: LE 290-2022

Todos los derechos reservados

—

La tinta que se utiliza no lleva cloro y el tipo de papel interior no lleva ácido. Ambos productos son suministrados un proveedor certificado por el Consejo de Administración Forestal (FSC, Forest Stewardship Council). El papel está fabricado con un 30% de material reciclado de residuos

DEDICATORIA

A Santiago Ruano Gómez.

AGRADECIMIENTOS

Queremos agradecer a nuestro alumnado por la confianza que han depositado en nosotros para poder desarrollar este Método L2SERAE desde hace más de 35 años y enseñarnos a mejorarlo con su inestimable confianza y con sus esfuerzos en mejorar en sus estudios. Sin ellos no hubiera sido posible este libro.

Igualmente, agradecemos las pacientes revisiones de Mª Carmen García y Ana Marcos por sus correcciones que han logrado pulir y mejorar el texto.

INTRODUCCIÓN

El texto que tienes en tus manos es un **Manual de Técnicas de Estudio** pensado para que te sirva de guía y apoyo con el fin de **mejorar tu rendimiento escolar**. Sabemos que estudiar es un trabajo que requiere un esfuerzo intelectual y unas técnicas determinadas para que sea eficaz.

Si eres una persona a la que le gustaría mejorar su rendimiento, para poder emprender el camino que te propone este manual, debes estar convencido de que **quieres y puedes hacerlo**. De lo contrario todo esfuerzo sería inútil. Si te encuentras en el grupo de los que piensan que *estudiar no es lo mío, no valgo para estudiar, no doy más, soy poco inteligente, soy un vago, los profesores son injustos conmigo...* lo primero que debes plantearte es un cambio radical de actitud.[1]

Si realmente estás interesado en **sacar más rendimiento a tu esfuerzo** tienes que comenzar por modificar tus hábitos de trabajo. Para ello solo se requiere un **plan sistemático de actuación y una férrea dedicación** de llevarlo adelante (no existe nada valioso que no cueste esfuerzo). En este manual encontrarás los elementos necesarios para que elabores tu plan de trabajo personal, pero de nada servirían todos los medios del mundo si no contamos con lo más esencial: tu decidida voluntad, tu esfuerzo, tu motivación.

El fracaso escolar raras veces tiene como origen deficiencias intelectuales (baja capacidad, lesiones cerebrales, problemas neurológicos...). Un simple vistazo a las estadísticas indica que, en la mayor parte de las ocasiones, el **bajo rendimiento académico** se debe al **desconocimiento de los métodos de estudio** más elementales[2].

Dando por supuesta esta situación inicial positiva, en segundo lugar hemos de trazarnos unos objetivos: **lograr el máximo rendimiento con el mínimo esfuerzo**[3]. Un esquema general que representa al método de estudio **L2SERAE** y los aspectos que le rodean es el siguiente:

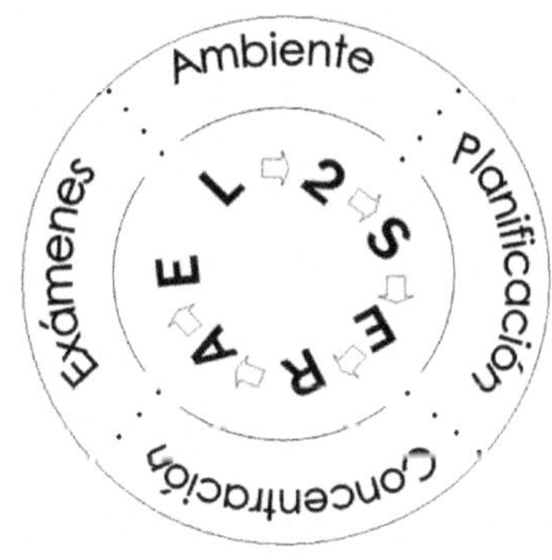

Gráfico I. Factores que influyen en el estudio.

1. La importancia del estudio

El estudio podría definirse como el **trabajo** empleado para aprender **nuevos conocimientos o recordar los ya olvidados**. Todavía, la mayor parte del conocimiento está en los libros por lo que es muy importante tener unos buenos hábitos de lectura y estudio para poder aprender lo que estos nos enseñan. Dichos aprendizajes, junto con la ayuda de tus padres y profesores, te harán más fácil superar con éxito tus objetivos.

Sabemos que cuanta más formación tengamos **más fácil será encontrar en el mercado laboral un trabajo** que nos haga sentir bien con nosotros mismos y, además, ganarnos mejor la vida.

Evaluación de estudio

Antes de empezar con el método L2SERAE, conoce cómo estudias. ¡Autoevalúate! Contesta con sinceridad a este cuestionario respondiendo sí o no a lo que se te pregunta:

		SÍ	NO

I. Lugar de estudio

1.	Suelo cambiar con cierta frecuencia el lugar donde estudio.		
2.	Mi lugar de estudio está alejado de ruidos y de otras cosas que impiden concentrarme.		
3.	En el lugar donde estudio habitualmente hay personas o cosas que distraen mi atención.		
4.	Tengo luz suficiente (natural o artificial) para estudiar sin forzar la vista.		
5.	Dispongo de suficiente espacio para tener organizado y a mano todo lo que necesito.		
6.	La altura de la mesa y la silla son proporcionadas.		

II. Planificación

| 7. | Me paro a pensar sobre el número de actividades que realizo cada día y el tiempo que dedico a cada una. | | |
| 8. | Antes de empezar a estudiar pienso en lo que voy a hacer y cómo voy a distribuir el tiempo. | | |

9.	Llevo al día el estudio de los temas y la realización de los ejercicios que me proponen.		
10.	Tengo la costumbre de preparar los exámenes con poco tiempo de antelación.		
11.	Aprovecho algún momento del fin de semana para repasar aquellos temas que me han quedado.		
12.	Suelo hacer un horario semanal para organizar el estudio.		

III. Forma física y mental

13.	Me pongo muy nervioso antes de los exámenes.		
14.	Me dejo llevar por mis amigos o amigas aunque tenga cosas que estudiar.		
15.	Suelo hacer actividades de relajación cuando estoy nervioso.		
16.	Para relajarme hago algún ejercicio físico.		
17.	Busco un lugar silencioso y solitario para relajarme.		
18.	Pido ayuda a mis padres cuando estoy muy nervioso.		

IV. Atención y concentración

19.	Tomo notas o apuntes en clase.		
20.	Cuando veo la televisión con mis padres suelo estar utilizando el móvil, la *tablet* o el ordenador.		
21.	Suelo interrumpir mi estudio cuando me acuerdo de otras tareas.		
22.	Me cuesta estar estudiando más de quince minutos seguidos.		
23.	Cuando el profesor explica suelo estar pensando en otras cosas.		
24.	Cuando estudio me vienen otras preocupaciones a la cabeza.		

V. El método de estudio

25.	Leo varias veces el texto para comenzar a estudiar.		
26.	Hago esquemas para entender mejor la materia.		
27.	Pienso que los resúmenes son una pérdida de tiempo.		

28.	Me imagino que le cuento a alguien lo que he estudiado.		
29.	Para memorizar repito una y otra vez el contenido.		
30.	Cuando subrayo, diferencio la importancia de las ideas con distintos tipos de subrayado.		

VI. Exámenes y repasos

31.	Antes de comenzar un examen leo todas las preguntas.		
32.	Distribuyo correctamente el tiempo de las preguntas.		
33.	No suelo repasar el examen antes de entregarlo.		
34.	Empiezo por la pregunta que mejor me sé.		
35.	Suelo hacer bastantes tachones en los exámenes.		
36.	Justo antes del examen intento aprender contenidos nuevos.		

A continuación, comprueba cuántas de tus respuestas coinciden con las siguientes soluciones y apunta el número en la casilla "Mi puntuación". En las partes donde tu puntuación sea 3 o menos de 3, deberás prestar mayor atención:

I. Lugar de estudio	III. Forma física y mental	V. Método
1. No	13. No	25. Sí
2. Sí	14. No	26. Sí
3. No	15. Sí	27. No
4. Sí	16. Sí	28. Sí
5. Sí	17. Sí	29. No
6. Sí	18. Sí	30. Sí
Mi puntuación:	*Mi puntuación:*	*Mi puntuación:*

II. Planificación	IV. Atención y concentración	VI. Exámenes y repasos
7. Sí	19. Sí	31. Sí
8. Sí	20. No	32. Sí
9. Sí	21. No	33. No
10. No	22. No	34. Sí
11. Sí	23. No	35. No
12. Sí	24. No	36. No
Mi puntuación:	*Mi puntuación:*	*Mi puntuación:*

2. Factores previos al estudio

Estudiar en el salón de casa, tumbado cómodamente en el sofá, con los ruidos del bar de abajo, el teléfono móvil, la *tablet*, el ordenador o la TV con aquella serie que tantas ganas tengo de ver, alguien haciendo las faenas del hogar en la cocina con la radio a un volumen considerable y mi hermano pequeño jugando a batallas por debajo de mis piernas… **no me ayudan a estudiar.** Empecemos por organizar el ambiente de estudio: *¿dónde estudio? ¿Y cómo?*

Si nos hemos propuesto cambiar alguno de nuestros hábitos de estudio hemos de procurar que esta tarea nos resulte lo más agradable posible. Para ello conviene no descuidar una serie de **factores ambientales** que inciden directamente en la consecución del objetivo propuesto.

El ambiente

Si quieres estudiar con menos esfuerzo, primero tienes que organizar tu lugar y mobiliario de estudio, la temperatura, el orden y la limpieza de los libros, los apuntes o el material de clase. Es recomendable mantener el silencio, una postura adecuada y eliminar todos aquellos elementos que puedan distraerte.

Lugar

Escoge un sitio para estudiar y que **siempre sea el mismo.** Si todos los días estás cambiando no lograrás una rutina de estudio y es que la novedad suele ser un factor de distracción.

Es adecuado que sea tu **habitación donde puedas estar solo** o bien una habitación propia para el estudio donde otras personas no estén entrando y saliendo de continuo.

Asociar un solo lugar para el estudio es un buen comienzo. Puedes hablar con tus padres para acordar cuál va a ser y que ellos lo respeten.

Tienes que tratar de **asociar el sitio elegido para estudiar** únicamente y no relacionarlo con jugar, leer revistas, navegar por internet, chatear o wasapear, ver una película, una serie de TV…

Si, por el contrario, prefieres estudiar en una **biblioteca** es bueno que trates de escoger siempre el mismo sitio o bien alguno que esté cerca, siempre y cuando los demás te lo permitan. Sería conveniente que fuera contra la pared o de espaldas a la entrada.

Mi lugar de estudio

- **Siempre el mismo:** escoge un lugar y no "bailes" por la casa, solo conseguirás distraerte. Si es posible, que sea diferente al lugar donde duermes, navegas con el móvil…
- **Siempre para lo mismo:** escoge un lugar y determina donde realizarás el resto de actividades.

Mobiliario

Tu mobiliario de estudio es la **mesa**, la **silla** que solo utilizas para estudiar y aquellos **muebles** donde tengas tu material escolar (librería, estanterías, corcho para insertar el horario o fechas de exámenes…). Además, vas a necesitar encima de tu mesa diverso **material** que debes tener preparado para usarlo durante el estudio (libros de texto, de consulta, lápices, bolígrafos, goma, regla, *típex*…) y del cual se hablará más adelante.

Mi mobiliario y mi material de estudio

- Necesitas una mesa amplia para estudiar.
- Necesitas una silla donde estés cómodo/a (mejor si es regulable).
- Debes tener cerca el material que vas a necesitar (libros de texto, de consulta, lápices, bolígrafos…).
- Dedica 5 minutos diarios para mantener tu habitación ordenada, si fuera necesario.

Una muestra de un mobiliario adecuado podría ser este:

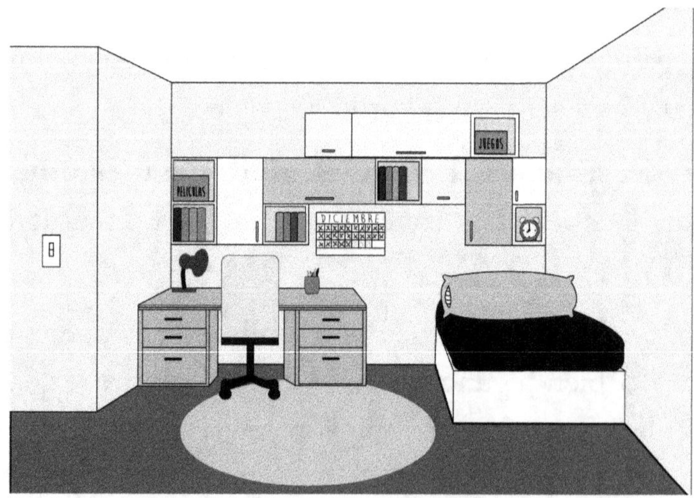

Imagen 2.1. Mobiliario aconsejable para estudiar.

Ejercicio de organización del ambiente

Después de observar la imagen 2.1 trata de echar un vistazo a tu habitación, ¿qué cosas **cambiarías** para que fuera parecida al modelo? En el menor tiempo que puedas coloca las cosas de forma que se parezca lo máximo posible a la imagen, después dibuja en cada cuadro lo que corresponde:

¿Crees que **sobra o falta** algún mueble o material en tu lugar de estudio? Dibújalo:

SOBRA	FALTA

Pide **opinión a tus padres**, compáralo con ellos y apunta a continuación qué otros aspectos podríais modificar de cara a diseñar tu rincón de estudio:

SUGERENCIAS	¿CÓMO VOY A CAMBIARLO?	NECESITO AYUDA	
		SI	NO

Temperatura e iluminación

La temperatura adecuada es la que se encuentra alrededor de **21º centígrados**, ya que si tienes calor tenderás a dormirte y si tienes frío te entumecerás no pudiendo concentrarte. Pide ayuda a tus padres para que esto pueda darse así.

Aparte de la luz natural, lo mejor sería poder contar siempre con **dos fuentes de luz** a la hora de trabajar; una **general** que ilumine toda la habitación (ya sea natural o artificial), y otra directa que incida solamente sobre tu mesa de trabajo. El **flexo** debe estar a tu izquierda si eres diestro y a la derecha si eres zurdo para evitar sombras incómodas.

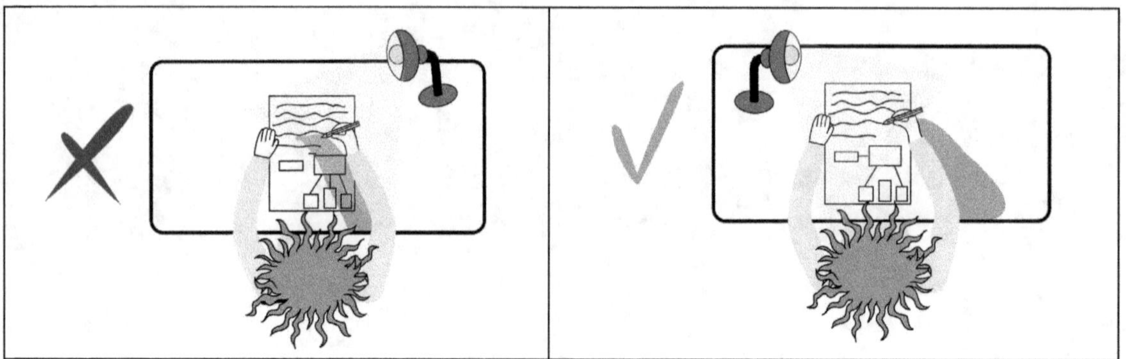

Dibujo 2.1. Colocación del flexo de una persona diestra.

Orden, limpieza y material

Tu habitación es un reflejo de como estructuras tu estudio y de como está ordenada tu mente. Mantener ordenada tu habitación **eliminará cosas con las que puedes distraerte** y te ayudará a encontrar fácilmente una cosa cuando necesites buscarla.

Sabes que, **si guardas el orden, este orden te guardará a ti** y te hará ser más eficaz en el estudio.

Independientemente de tu habitación, encima de la mesa de estudio solo debes tener aquello que vas a utilizar en ese momento. Por esta razón antes de ponerte a estudiar debes pensar: ¿qué voy a utilizar? Para planificarlo te puedes ayudar del siguiente cuadro (haciendo esto con cada tarea):

1ª tarea	Define la primera tarea a realizar.
Libros/apuntes	Deja en la mesa de estudio solo aquellos libros y/o apuntes que vas a necesitar para esa tarea.
Otro material para esta tarea	Lápiz, bolígrafo, goma, diccionarios, rotuladores de colores, regla, calculadora, *típex*, tijeras, cello…
Eliminar otros materiales	Quita libros de otras tareas, juguetes, móvil, *tablet*…

Material de consulta	Recuerda que la *tablet* o el ordenador solo son materiales de consulta.
Final	Cuando termines la tarea define la siguiente y sigue el mismo orden. Esta vez solo tendrás que recoger aquello que NO necesites.

Ejercicio de revisión

Prueba a organizar rápidamente una tarea que tuviste que hacer días antes siguiendo el cuadro anterior. Después marca sí o no, si lo hiciste de esa forma. En muy poco tiempo sabrás aquello que puedes mejorar.

		SÍ	NO
1ª tarea			
Libros			
Otro material para esta tarea			
Eliminar otros materiales			
Final			

Silencio

Para cualquier actividad intelectual el silencio es imprescindible. Cuanto más ruido (agradable o desagradable) más difícil resulta la concentración mental, aunque muchas veces te parezca que realizar las cosas con música o mientras escuchas la radio te ayudan a concentrarte. No obstante, puedes escucharla en algunas tareas que no necesiten mucha concentración. **El silencio** es uno de los factores **necesarios para conseguir una máxima concentración.** Si, por otro lado, en casa tienes ruido lo comentarás con tus padres para que traten de evitarlo.

Estrategias para conseguir el mayor silencio

- Rompe con el falso mito: tu concentración no es mejor cuando escuchas música. Tu cerebro tiene que hacer dos cosas a la vez y no podrá centrarse únicamente en la tarea de estudio. **No somos multitarea.** Se hizo un estudio sobre el uso que hacían en clase los alumnos con su portátil, instalando en los voluntarios un *spyware* que medía el tiempo que pasaban con este en tareas productivas relacionadas con la materia o distractoras como el uso de chats o estar mirando el correo; incluso hubo algunos que lo seguían utilizando cuando estaban realizando el informe que se pedía al final de dicho estudio. Se encontró una correlación inversa entre la multitarea y el rendimiento académico[4] o lo que es lo mismo, cuantas más actividades hagamos menos rendimos.

- Procura que tu sitio de estudio esté lo más **alejado de los ruidos** de la casa.

- Establece **barreras**: cierra las puertas que haya entre el lugar de estudio y la cocina o el salón para aislarte mejor.

- Muestra tu horario de estudio a tus padres para que eviten hacer ruidos en esas horas.

- Utiliza tapones, si es necesario, ante los ruidos altos de los vecinos o de la calle.

Postura

La postura es otro factor que afecta al hábito de estudio y por tanto a tu rendimiento ya que es muy importante si estás mucho tiempo estudiando para evitar malformaciones, lesiones o dolores musculares. Existen una serie de estrategias para conseguir una postura correcta:

- La espalda y, especialmente, la zona sacra, debe estar apoyadas en la silla en el ángulo que forma el respaldo con el asiento.

- Los pies apoyados en el suelo, a ser posible formando un ángulo recto.

- La distancia de la cabeza al papel debe ser de dos palmos desde la nariz a las hojas (unos 20 cm.)

- Los brazos apoyados por el **antebrazo** sobre la **mesa**.

- La cabeza sostenida por el cuello (no por la mano, ni por el hombro…).

Pega una nota delante de ti que te recuerde tu postura (por ejemplo: corrige tu postura, siéntate adecuadamente…).

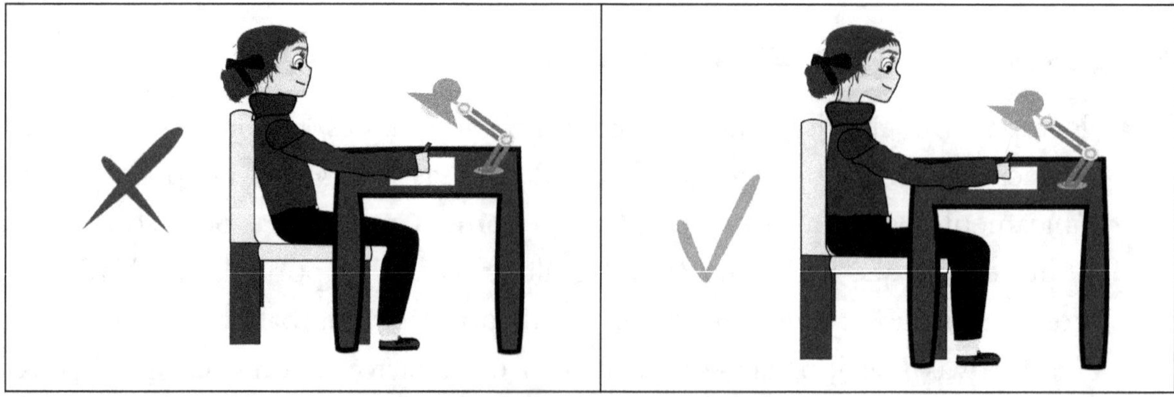

Dibujo 2.2. Postura para estudiar.

Ejercicio postural

Antes pudiste observar una imagen sobre la postura correcta que debes adoptar para estudiar. Trata de colocarte en tu silla lo más parecido posible a la imagen, cuando estés **sentado** revisa los siguientes puntos y **comprueba** si lo has hecho correctamente. Incluso puedes pedir que alguien te saque una foto, y tú mismo podrás compararte.

PASOS	HE COLOCADO YO SOLO A LA PRIMERA...	
	SÍ	NO
Zona sacra en el ángulo de la silla.		
Pies en el suelo.		
Brazos apoyados sobre la mesa.		
Cabeza sobre el cuello.		
Distancia a dos palmos del papel (20 cm.)		
Total		

Elementos distractores

Estrategias para eliminar los elementos distractores:

- Mantén **apagados** aparatos como la televisión, el ordenador, la *tablet*, el teléfono móvil o los reproductores de música. Puedes sacar de tu habitación todos estos aparatos si tu tentación es muy fuerte o incluso pedir a tus padres que los retiren.

- En caso de necesitar el **ordenador** para consultar dudas o hacer trabajos debes ser consciente de utilizarlo únicamente para este fin, sin "enredarte" por la red, o bien ir apuntándolas y en los **últimos 20 minutos** de estudio resolverlas.

- **Quita** los **posters, fotos o dibujos** adheridos a la pared que te distraigan o colócalos de tal forma que queden a tus espaldas.

- Despréndete de los anillos, pulseras… y otros accesorios que te distraigan.

- Saca de los bolsillos o mochila objetos con los que suelas jugar.

El mapa conceptual que se muestra a continuación resume este apartado de forma muy breve, échale un vistazo y comprueba que modificando cuatro cosas tendrás un lugar de estudio perfecto.

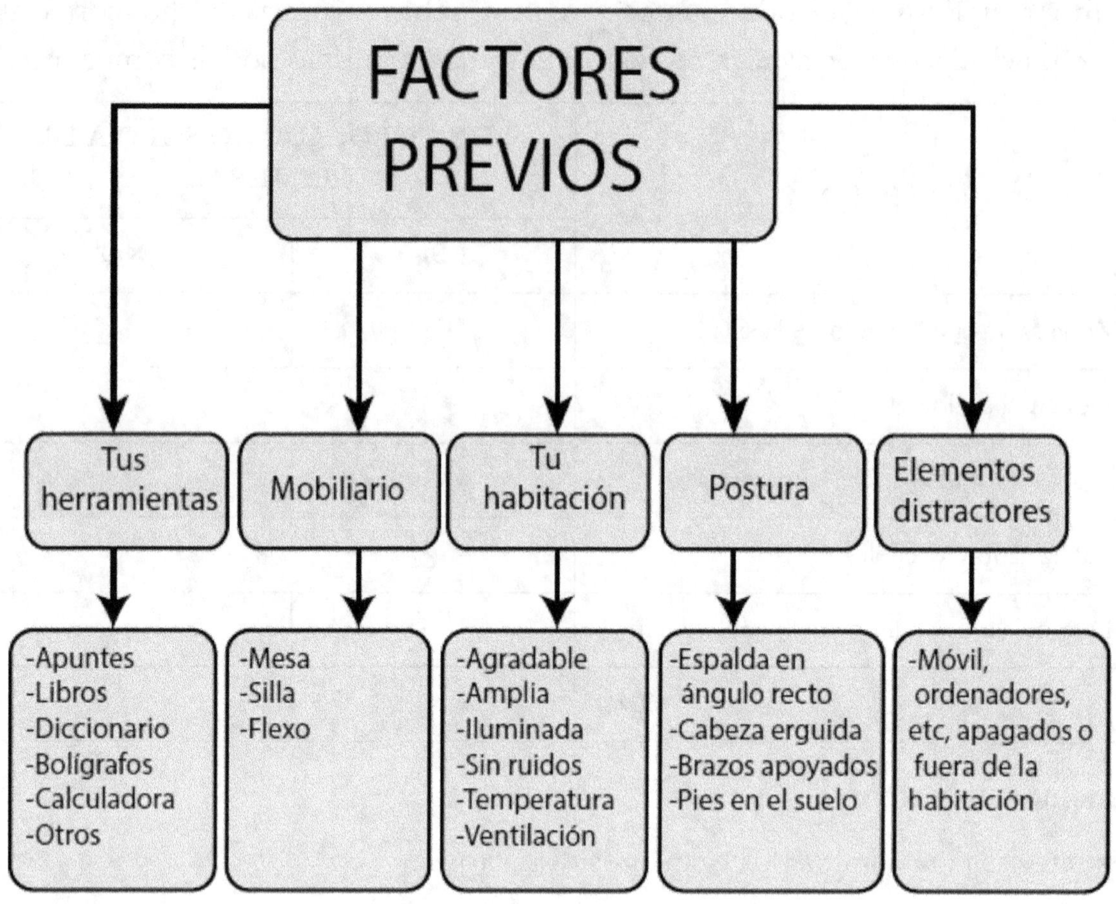

Dibujo 2.3. Mapa conceptual del ambiente de estudio.

Ejercicio de evaluación

Marca aquellas frases que creas que son correctas y después compruébalo. Relee las que has marcado y te darás cuenta de los aspectos más importantes en tu lugar de estudio:

El teléfono móvil	1. No lo tengo en la mesa de estudio	
	2. Lo tengo cerca para consultar dudas a los compañeros	
	3. Lo apago y no lo uso durante el estudio	
La mesa de estudio	4. No importa que tenga cosas que no vaya a utilizar, si yo estoy concentrado	
	5. Mantengo siempre mi mesa de estudio ordenada	

Material de estudio	6. Solo necesito que esté cerca aquel material que necesito para cada tarea	
	7. Si tengo los libros y el material de estudio ordenado tardaré más tiempo en buscar algo	
La postura	8. Mi cuerpo no importa con tal de que mi cabeza trabaje	
	9. Los pies tienen que estar apoyados en el suelo	
	10. Estando recostado en la silla me sentiré más relajado	
	11. Tener la espalda en ángulo recto me ayudará a evitar dolores de espalda, derivado de las horas de estudio	
La luz	12. No es bueno que estudie solo con el flexo, porque la luz está demasiado concentrada	
	13. El flexo debe estar del lado contrario de la mano con la que escribo	

RESPUESTAS CORRECTAS

1 - 3 - 5 - 6 - 9 - 11 - 12 - 13

3. La planificación

La planificación es **una de las variables más importantes** a tener en cuenta en tu metodología de estudio. En realidad, es absurdo que estés horas y horas sentado estudiando para solamente aprovechar un par de ellas o por el contrario que el tiempo que emplees sea insuficiente.

Metacognición

Podemos definir la **metacognición** como la habilidad de monitorizar y revisar nuestros procesos cognitivos, es decir, el **pensar sobre cómo pensamos**. Por tanto, en la planificación del estudio es sumamente importante pararnos y analizar el rendimiento que estamos teniendo, no ir con el piloto automático con una planificación inflexible.

Tenemos que conjugar entre **conocimiento y control**, es decir, tener un buen reflejo de la situación en la que nos encontramos y llevar a cabo mecanismos de **regulación y planificación** con la información que tengamos.

Las estrategias metacognitivas más exitosas suelen tener como características en común el énfasis en las **estrategias de planificación**, una duración en el tiempo alargada y conocimiento "meta" sobre los métodos que estamos utilizando.

Evidentemente, antes de pensar en estrategias "hacia fuera", tenemos que analizar exhaustivamente **nuestras características personales** para ver qué estrategias de planificación hay que realizar. Para ello, nos podemos ayudar con la **curva de rendimiento**.

Curva de rendimiento

El rendimiento durante el estudio se puede representar con una línea curva haciendo diferentes formas. Es importante que conozcas cómo es tu rendimiento y que seas consciente de ello, ya que cada interrupción que hagas durante tu **concentración** en el estudio, como por ejemplo ir a comer o mirar el móvil, te perjudica, pues cuando vuelvas a estudiar tu concentración habrá decrecido y eso hará que baje tu rendimiento.

A continuación, te planteamos un ejercicio que aclarará estas ideas y te ayudará a conocer tu propio rendimiento.

Ejercicio de la Curva de rendimiento

Dibuja tu propia curva de rendimiento. Recuerda que necesitarás ayuda de otra persona para que te cronometre:

- Elige un artículo de periódico o revista que vayas a desechar y durante diez minutos seguidos tacha lo más rápidamente posible todas las letras "e" minúsculas que aparezcan en él.

- Transcurrido cada minuto, la persona que te ayude a controlar el tiempo, te indicará con la palabra *minuto* que pongas una marca donde estés leyendo en ese momento. Una marca así // podría valer.

- Acabado el ejercicio, tómate unos minutos de descanso.

- A continuación, dibuja la curva de rendimiento siguiendo el modelo que te proponemos a continuación:

Minutos	Cantidad Nº de "e" tachadas	Errores Omisión de "e" o cambio de letra	Calidad Cantidad - (errores x 5)
1			
2			
3			
4			
5			
6			
7			
8			
9			
10			

- En la primera columna aparecen los minutos.

- En la segunda, la **cantidad**, es decir, el número de letras "e" tachadas en cada uno de los minutos.

- En la tercera, los **errores**, o lo que es igual, el número de tachaduras de otras letras o las letras "e" no tachadas. Podrías rodearlas con un círculo para contarlas mejor.

- En la cuarta columna aparece la **calidad** de trabajo hecho, es decir, la diferencia entre la cantidad y los errores. Para calcular esta columna, has de multiplicar los errores por un número que denominamos ponderación. Este número es el 5 (si estás en cursos bajos podría ser el número 2 ó 3). La diferencia entre la cantidad y los errores ponderados es la calidad. La fórmula quedará así: **calidad = cantidad − (nº errores x 2, 3 ó 5).**

- Una vez calculada la columna de calidad, ya puedes hacer tu curva de rendimiento. Esta curva se tiene que dibujar en un eje de coordenadas. Divide el eje de ordenadas en partes iguales que indiquen unidades hasta 60 o punto máximo de número de letras "e" tachadas y el eje de abscisas en tantas partes como minutos haya durado el ejercicio (10 minutos).

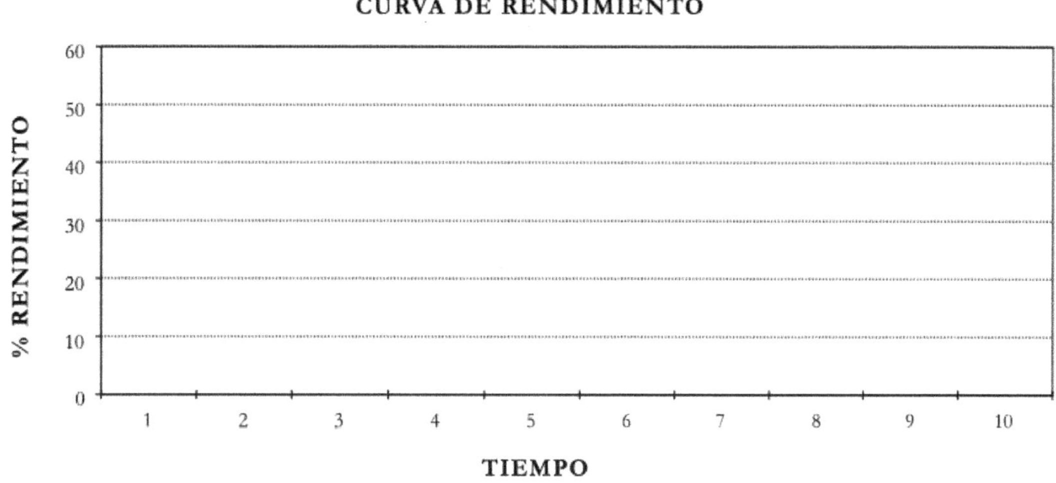

Gráfico 3.1. Curva de rendimiento.

De las tres curvas que tienes a continuación ¿a cuál se parece más?

MODELO A   MODELO B   MODELO C

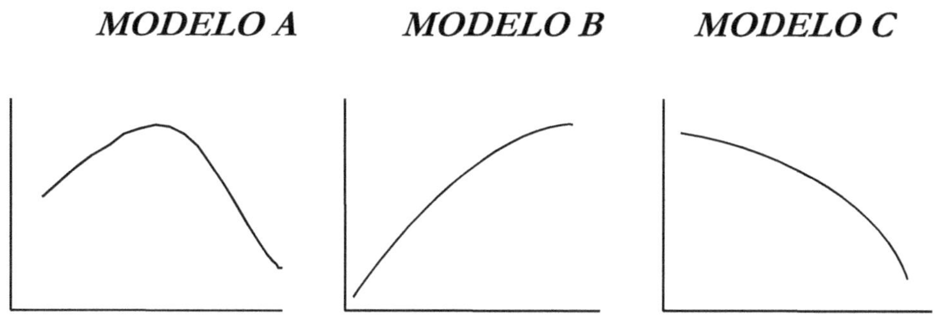

Gráficos 3.2. Modelos de Curvas de rendimiento.

De una manera general, podemos decir que existen tres tipos de estudiantes y que debemos ajustar nuestro horario en función del grupo al que pertenezcamos.

Unos, los del tipo **"Modelo A"**, no tienen dificultades para ponerse a estudiar, para concentrarse en la tarea o dejar de pensar en otras cosas. Siguen con un período de alto rendimiento, para terminar con otra fase de bajo rendimiento progresivamente. Si, por otro lado, se parece más a la del tipo **"B"**, tienen dificultades al principio, y necesitan una especie de "precalentamiento" antes de entrar en faena. Pero una vez que se ponen, van, poco a poco, incrementando su rendimiento para tener su momento de "explosión" al final de la sesión. Por último, los del tipo **"C"**, se concentran rápidamente y al principio rinden mucho más. Pero poco a poco, se van cansando y se distraen más y más. Teniendo esto en cuenta deberías planificar tu estudio en función de estos dos aspectos:

- Las asignaturas o tareas **más difíciles** o que menos te gustan, deberías realizarlas en aquellos momentos de **mayor concentración.**

- Las asignaturas o tareas **más fáciles** o que más te gustan, deberías realizarlas en momentos de **menor concentración.**

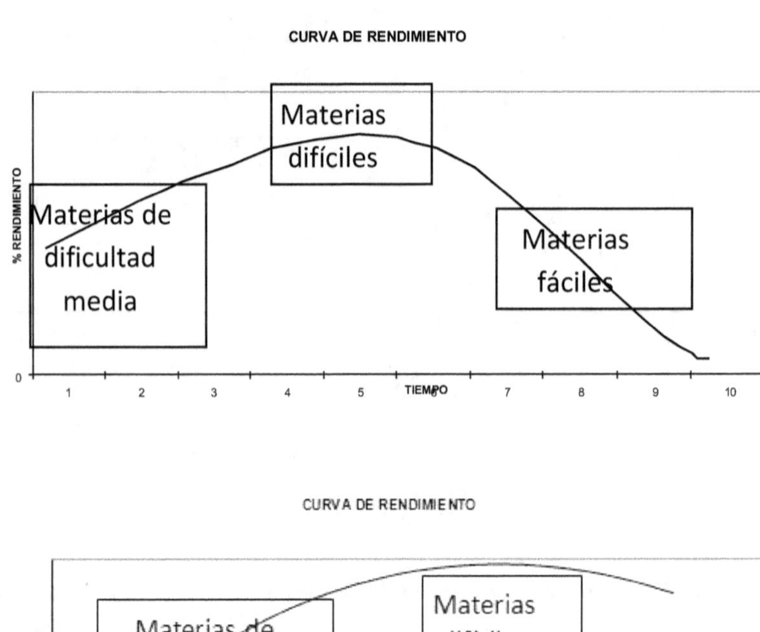

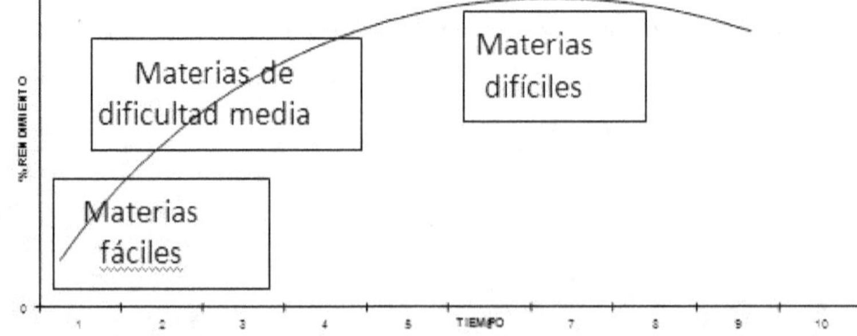

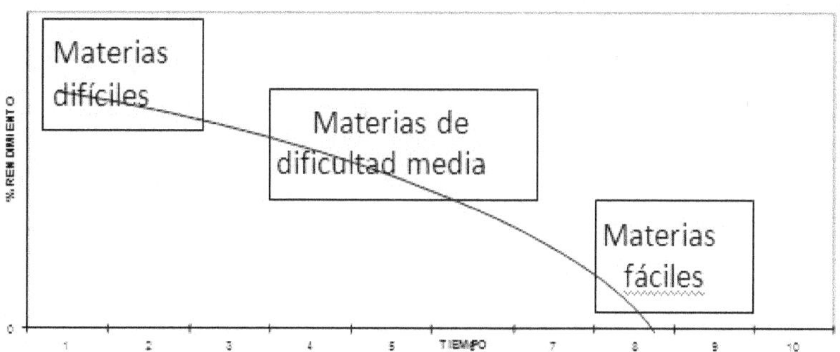

Gráfico 3.3. Cuadros de Curvas de rendimiento.

Por último, debes acostumbrarte a dedicar los 5 minutos finales de cada sesión de trabajo a reflexionar sobre la tarea realizada, sobre el grado de cumplimiento de los objetivos y proponer, en su caso, los cambios necesarios. Esto te facilitará la planificación de la siguiente sesión de estudio.

La planificación

Realizar una **planificación** en función de tu curva de rendimiento, como se ha explicado anteriormente, es imprescindible. Sin embargo, no podemos olvidar que debe reunir las siguientes características si quieres que realmente sea eficaz:

- **Realista**: las metas propuestas deben ser plenamente alcanzables con el esfuerzo necesario. Si planificas utópicamente la sensación de incumplimiento te generará insatisfacción. Por el contrario, si trazas metas fácilmente realizables estarás intoxicando el método de trabajo por hacerlo demasiado sencillo.

- **Flexible**: todo plan de trabajo debe ser evaluado y permitir la incorporación de las variaciones precisas para su reajuste. Siempre existen imprevistos con los que no se cuentan a la hora de trazar los objetivos que van a incidir directamente en tu horario.

- **Completa**: una buena planificación no debe dejar nada a la improvisación. Tu horario debe recoger la realización de subrayados, esquemas, repasos, las tareas diarias, la elaboración de apuntes y la previsión de los temas del día siguiente. Todo ello debe tener su tiempo en la planificación.

- **Equilibrada**: si quieres cumplir al final los compromisos adquiridos has de alternar convenientemente el tiempo de estudio y el de descanso. El simple hecho de **estar muchas horas sentado no es garantía de eficacia**.

- **Puntual:** todo hábito requiere repeticiones sistemáticas. Si pretendes que el "ponerte a estudiar" no sea cada día una "tortura" que has de soportar, es preciso que procures comenzar a estudiar todos los días a la misma hora y en el mismo sitio para conseguir que se convierta en una rutina.

¿Cómo se conjugan todos estos puntos? Realizar una **planificación diaria, semanal, mensual y anual** te conducirá hacia ello.

Es importante establecer una organización semanal y para ello tienes que determinar **unas horas de estudio diarias** en función de las clases, comidas, descanso, actividades extraescolares, traslados… Así es como tienes que establecer el tiempo que dedicarás al estudio.

Tiempo actividades diarias

¿Alguna vez has hecho la reflexión de cómo empleas las horas diarias y en qué actividades? A continuación, te proponemos que calcules el tiempo que empleas en las actividades diarias, después compáralo con el ejemplo.

Dormir .... horas.

Clases... horas.

Comidas .... horas.

Aseo .... horas.

Transporte/traslado .... horas.

Ocio.. horas.

Disponible para el estudio .... horas.

¿Te habías dado cuenta alguna vez de las **horas libres** que te quedan para el ocio? A continuación, te presentamos el mismo horario pero ya con las horas que más o menos emplean por igual casi todos los alumnos en las actividades diarias:

Dormir .... 8 horas.

Clases... 6 horas.

Comidas .... 2 horas.

Aseo .... 1 hora.

Transporte .... 1 hora.

Ocio .... 3 horas.

Disponible para estudio .... 3 horas.

Para realizar la planificación de cada día te presentamos las fases del estudio y un registro que puedes utilizar para realizarla.

- Primero realiza lecturas, subraya, realiza esquemas y resúmenes de los contenidos **(procesar los textos).**

- Segundo **asimila y memorízalos.**

- Por último, realiza los **deberes o tareas,** ya que estos te ayudarán a exponer aquello que hayas estudiado.

Ejercicio de planificación

Antes de rellenar el registro observa el ejemplo que te presentamos a continuación:

FASES	*MATERIA*	*ACTIVIDAD*	*TIEMPO*	*PENDIENTE*
Estudio (L2SERAE) - Lectura rápida - Lectura comprensiva - Subrayado - Esquemas - Resúmenes	Historia	Esquema T3.: apartado 3.1. y 3.2.	40 min.	Esquema Hª (T3-3.1. y 3.2.) (No terminado, anotarlo en pendiente)
Memorización (asimilación) -Exposición (repasos)	Filosofía	Aristóteles	1 hora	Dividir periodo más corto
Tareas / Deberes -Ejecución de tareas inmediatas	Filosofía	Ejercicio T3.: 4.	10 min.	

Tabla 3.1. Ejemplo de registro de actividad diaria.

Ahora puedes hacer tú lo mismo elaborando un cuadro como el anterior. Si lo necesitas, puedes pedir ayuda a tus padres.

Para no olvidarte de los deberes e ir organizando los resúmenes, esquemas… que tienes que ir haciendo te sugerimos que utilices **una agenda.** Podrías apuntar los deberes en la agenda y al llegar a casa colocarlos en el cuadro junto con las tareas que tienes que realizar antes y de este modo evitarás que se te olviden.

Recuerda que podrás hacer dos **descansos de 5 ó 10 minutos** en el tiempo que dediques al estudio.

Además, en la agenda puedes ir anotando otros aspectos como exámenes, trabajos, vacaciones… Si te resulta más fácil, puedes utilizar diferentes colores para identificar más rápido las tareas (deberes en azul, exámenes en rojo, vacaciones en verde…).

Sabemos que es muy difícil eso de "llevar todo al día", por eso te planteamos que lo **"lleves todo a la semana"**. A continuación, se expone otro cuadro para que vayas organizando tus semanas. Sigue los pasos que tienes a continuación te resultará muy fácil.

HORA	L	M	X	J	V	S	D
De __ a __							
De __ a __							
De __ a __							
De __ a __							
De __ a __							
De __ a __							
De __ a __							
De __ a __							
De __ a __							
De __ a __							

- Observa el cuadro que te presentamos. Tenemos todos los días de la semana y unos espacios en la columna de "hora" para que coloques el tiempo que tienes ocupado con las diferentes actividades.

- Comienza colocando la hora a la que **entras y sales del colegio** todos los días. A continuación, por ejemplo, de 7 a 8 aseo y desayuno, y así cada hora del día teniendo en cuenta que de 8,30 a 14,30 h. tienes que ir a clase (o en el horario que tengas).

- Después coloca las **clases particulares y actividades extraescolares**. No importa si al principio queda un poco descolocado.

- Añade, si tienes que ir a buscar a tu hermano/a, a hacer algún recado, **otras actividades extraescolares**… Ten en cuenta el tiempo que te lleva desplazarte. Por ejemplo, si sales de clases particulares a las 18 h. pero tardas 15 minutos en llegar a casa, puedes establecer el comienzo del estudio a las 18,30 h. para ser flexible y realista.

- Trata de distribuir el tiempo de tal manera que lo primero que realices sea aquello que implique **procesar los textos (esquemas, resúmenes…) luego memorizar y finalmente hacer los deberes.**

- Finalmente elige cada día dos **horas** que te sobren para el **estudio** y señálalo. Sería conveniente que en esas horas de estudio indicaras **dónde** lo vas a hacer (en la biblioteca o en casa…).

- Elige del **fin de semana un día de descanso**. Suele ser recomendable el viernes, ya que estamos cansados de toda la semana.

- Recuerda que, en el resto de los días del **fin de semana**, también tienes que reservar tiempo para el **estudio**.

- Observa entonces las horas que te quedan **libres para el ocio**.

- Revisa el horario y realiza las modificaciones que consideres oportunas.

Una vez tengas esto hecho puedes colocar las decisiones tomadas en un horario que te otorgue una visión semanal y organizarlo de forma que incluyas las horas de sueño, aseo, comidas, ordenador o TV[a].

Aquí te proponemos un ejemplo que puedes seguir, perteneciente a la planificación semanal de una alumna de 16 años:

---

[a] Con TV nos referimos a la televisión y al uso de internet, redes sociales ó dispositivos electrónicos.

Horas / días	L	M	X	J	V	S	D
7	Aseo						
8	Desayuno						
9	Clases						
10	Clases					Me levanto	
11	Clases					Kárate	
12	Clases					Guitarra	Me levanto
13	Clases					Ver TV	Padres o amigos
14	Clases					Comida	Comida
15	Comida - siesta					Padres	Siesta
16	Comida - siesta					Padres	
17	Estudio	Kárate	Guitarra	Inglés	Amigos	Estudio	Tareas pendientes
18	Estudio				Amigos	Amigos	
19	Estudio	Estudio	Estudio	Estudio		Amigos	Amigos
20	Escucho música	Estudio	Estudio	Estudio		Amigos	Amigos
21	Ceno TV	Ceno TV	Repaso	Ceno TV	Ceno TV	Amigos	Ceno TV
22	Ceno TV	Ceno TV	TV ceno	Repaso	Ceno TV	Amigos	Ceno TV
23	Duermo 7-8 horas						Duermo
24	Duermo 7-8 horas				Duermo	Duermo	Duermo

Puedes realizar tu planificación aquí si lo prefieres.

Horas / días	L	M	X	J	V	S	D
7							
8							
9							
10							
11							
12							
13							
14							
15							
16							
17							
18							
19							
20							
21							
22							
23							
24							

Ejercicio de colocación de tareas

A continuación, te damos unas tareas que tienes que colocar en los huecos que tengan un número del horario que está debajo.

OPCIONES:

1. Kárate	5. Comida
2. Estudio	6. Estudio
3. TV	7. Tareas pendientes
4. Repaso	8. TV

Días / horas	L	M	X	J	V	S	D
7				Aseo y desayuno			
8							
9							
10						Me levanto	
11				Clases		Estudio	
12							Me levanto
13						Inglés	Leo
14						7	Comida
15				Comida - Siesta		TV	Padres o amigos
16							
17		Club	4	Inglés	Kárate	Padres	8
18	1		Estudio	5			Repaso
19	2	Estudio	Repaso	Repaso	Amigos		
20						Amigos	
21	Ceno	Ceno	Amigos	Ceno			Ceno
22	TV	3	TV ceno	6	Ceno		TV
23							
24				Duermo			

SOLUCIONES

1. Estudio	5. Estudio
2. Repaso	6. TV
3. TV	7. Comida
4. Kárate	8. Tareas pendientes

Con esto tendrás una planificación diaria de **lunes a viernes,** aunque es conveniente que durante el fin de semana no abandones el estudio por completo y compagines las actividades de ocio con las horas de estudio, al menos un día del fin de semana tendrás que descansar para rendir mejor el resto.

Estrategias para la mejora de la planificación diaria

- Proponte **objetivos claros.**
- Trata de empezar a **estudiar** todos los días **a la misma hora.**
- Espera un tiempo después de las comidas para sentarte a estudiar dado que la digestión consume energía y te costará más concentrarte.
- Primero las **tareas** y **luego el ocio.**
- Es positivo tener **un día de descanso a la semana.**
- Asigna **un tiempo a cada tarea** y respétalo.
- Haz los **descansos cuando termines una tarea o asignatura. No rompas la concentración en la mitad.**
- Valora al final del día **objetivos cumplidos** y nivel de satisfacción.
- Aprovecha un día del **fin de semana** para poner al día las materias **pendientes.**

Ejercicio de columnas

Haz un resumen de la planificación. Tienes que unir ambas columnas y rápidamente extraerás las estrategias imprescindibles para ello.

1. Antes del ocio vienen	a. terminar con una asignatura o tarea
2. Valorar	b. a la misma hora
3. Objetivos	c. las realizo el fin de semana
4. Los descansos son después de	d. un tiempo
5. Las materias pendientes	e. claros

6. Estudiar todos los días	f. objetivos y satisfacción
7. Espero un tiempo	g. las tareas
8. A cada tarea le asigno	h. después de las comidas
9. Para poder rendir mejor	i. un día a la semana descansaré

Solución

1g, 2f, 3e, 4a, 5c, 6b, 7h, 8d, 9i.

Para tener una visión mayor podrías realizar una **planificación mensual**, por **trimestres o cuatrimestres**. Por tanto, te planteamos dos planificaciones diferentes para que elijas aquella que consideres más adecuada.

MES:	SEMANA 1		
TAREAS	**ASIGNATURA**	**FECHA REALIZACIÓN**	**PENDIENTE**

MES:	SEMANA 2		
TAREAS	**ASIGNATURA**	**FECHA REALIZACIÓN**	**PENDIENTE**

MES:	SEMANA 3		
TAREAS	**ASIGNATURA**	**FECHA REALIZACIÓN**	**PENDIENTE**

MES:	SEMANA 4		
TAREAS	**ASIGNATURA**	**FECHA REALIZACIÓN**	**PENDIENTE**

Te proponemos también un registro mensual, donde puedes ir apuntando tus tareas o exámenes para tener una visión general del mes. Puedes observar el siguiente ejemplo para entenderlo mejor:

MES: DICIEMBRE (2022)						
L	M	X	J	V	S	D
			1 Repaso Mates	2 Examen Mates	3	4
5	6	7 Trabajo Biología	8	9	10	11
12	13 Visita museo	14	15	16 Trabajo Historia	17	18
19 Repaso Lengua	20 Repaso Lengua	21 Examen Lengua	22	23	24	25
26 ¡VA	27 CA	28 CIO	29 NES!	30	31	

MES:						
L	M	X	J	V	S	D

Si tuvieras que realizar una planificación para **tres o cuatro meses** trata de dejar al final del mes una semana, aproximadamente, para el **repaso** puesto que aquello que estudies la primera semana será olvidado si no lo repasas hasta el tercer o cuarto mes.

Además, puede ayudarte si divides la materia de la siguiente forma: **divide el total de temas entre las semanas de estudio** (sin contar las reservadas para el repaso) y tendrás un número aproximado de los temas que tendrás que estudiar por semana.

4. Forma física y mental

Es conveniente estar en **buena forma física** para rendir mejor en el estudio por lo que es beneficioso poder **hacer algún tipo de ejercicio físico habitualmente**, pertenecer a un equipo o participar en una competición deportiva los fines de semana.

Higiene del sueño

Los estudios muestran que existe un problema crónico de sueño en las sociedades industriales occidentales. La mecanización del trabajo en ocho horas de sueño, ocho de trabajo y ocho de ocio, que a priori está pensada por nuestro bien, hace difícil tener una higiene del sueño adecuada, ya que no somos robots que podamos conectar y desconectar automáticamente y dormirnos al instante. Además, aunque nuestro sistema hormonal tienda a guiarse por la luz solar para gestionar nuestros biorritmos, existen personas con diferentes cronotipos (algunas más diurnas, otras más nocturnas), con lo que intentar homogeneizar la sociedad a un mismo horario siempre resultará perjudicial para muchísimas personas, ya sea por ansiedad, trabajo, cargas familiares, ritmos del sueño, etc.

Tenemos que resaltar la importancia del sueño para la salud, sobre todo en etapas claves de desarrollo (infancia y adolescencia), ya que de las 7-8 horas recomendables a los adultos en este caso tendrían que ser 8-9 horas para ti como mínimo. El cerebro se encuentra en fases críticas de crecimiento y sin un descanso adecuado podemos generar daños permanentes o no alcanzar el potencial esperado.

La relajación

Para comenzar a estudiar necesitas estar **relajado** tanto física como mentalmente pero, ¿cómo hacerlo? Los siguientes aspectos y la práctica harán que logres un dominio de ti mismo. De hecho, los profesores de una escuela de educación secundaria fueron entrenados para enseñar técnicas de relajación a sus alumnos. Aquellos con mayor exposición a tales técnicas tuvieron una mejora en sus resultados académicos en los dos años siguientes.[5]

Existen una serie de condiciones para llevar a cabo relajación que ayudan a mejorar el nivel de concentración de la misma:

- Lugar: silencioso y solitario.
- Piensa en un ambiente natural (azul del cielo, el verde del campo…).
- Ambiente más bien oscuro con persianas bajadas.
- Evita el excesivo frío o calor, impiden el descanso.

Ejercicio de relajación

El método que te sugerimos para que te relajes consta de tres pasos: respiración, relajación y visualización. Utiliza el siguiente audio en este enlace (http://cepteco.com/tecnicas-para-controlar-la-ansiedad-respiracion-relajacion-y-visualizacion/) para hacer la relajación de brazos.

La respiración consiste en la llamada respiración **costo-abdominal**. Te colocas tumbado boca arriba, con los pies separados y los brazos extendidos a lo largo del cuerpo. Después coloca una mano en el abdomen y nota como se mueve al respirar (inspira por la nariz y espira por la boca).

- Posición para la respiración profunda: se pone una mano en la zona del abdomen que tienes que mover y otra en la zona del pecho. El objetivo es aprender a dirigir el aire a la parte inferior de los pulmones. Inspira lentamente por la nariz y de forma lenta intenta sacar el aire.

- Dirige el aire a la parte inferior y media de los pulmones. Inspiración en 5 segundos.

- Los pasos para esta relajación son los siguientes: primero inspira por la nariz 5 segundos (con el diafragma), después llena el abdomen, súbelo al tórax de forma gradual (nota como los brazos y los hombros se relajan) y finalmente espira de forma lenta y continua.

La relajación consiste en ciclos de tensión y distensión de los distintos grupos musculares. Esto se hace porque:

- Es posible aprender a diferenciar entre tensión y relajación.

- La tensión y la relajación son excluyentes e implican aspectos musculares.

- Si se relaja la musculatura, se reduce igualmente la tensión psicológica.

- Si tensas mucho y te centras en las sensaciones que esto supone será mucho más sencillo detectar que grupo de músculos está tenso en un momento determinado.

Se asocia con la idea de un péndulo, es decir, más profundamente vas a relajar un grupo de músculos si antes lo llevas a la situación contraria de tensión. El tiempo de tensión será de 5-7 segundos, mientras que la distensión es de 20-30 segundos, concentrándonos en esa sensación de relajación. A continuación, te mostramos el orden de músculos que debes ir tensando poco a poco. Tensamos y relajamos cada grupo muscular en dos ocasiones para que puedas aprenderlo mejor:

- Primero tensamos el **puño dominante** (por ejemplo, el derecho). Aprieta fuertemente el puño y sé consciente de la fuerza muscular en esa mano. **No pongas ningún otro músculo en tensión.** Después de destensarlo trata de centrarte en la sensación de placer, de picor, de relajación, de hormigueo, de pesadez en la que está ese puño.

- En segundo lugar, tensas el **otro puño** (por ejemplo, el izquierdo). Hacemos lo mismo que con el puño anterior, tensamos únicamente esa parte y después nos concentramos en el placer y sensaciones agradables de la relajación.

- Después tensamos el **bíceps derecho** (recuerda la mano debe estar relajada) y seguidamente el **izquierdo** como hemos hecho con los puños, es decir, primero uno y después otro. Para que entiendas mejor cómo puedes tensar los bíceps, puedes imaginarte que tuvieras que **sostener un lápiz** entre el antebrazo y el bíceps, como si flexionaras el brazo. Pero recuerda que el antebrazo deberá estar relajado, de modo que tu mano quedará colgando si la tienes relajada.

- Seguidamente tensaremos el **antebrazo derecho** y después el **izquierdo** como el resto de grupos musculares, respetando los tiempos comentados anteriormente con cada uno de ellos (tensión-relajación). Después no te olvides de concentrarte en la sensación placentera de relajación. Creemos que puede ayudarte a tensar los antebrazos si colocas tus brazos como si quisieras **darle la vuelta al codo** y con la **palma de la mano hacia arriba con la muñeca doblada hacia abajo.**

- Finalmente, una vez hemos tensado y relajado estos grupos musculares, solamente nos quedarían los **hombros.** Para ello debes subir los hombros (recordando que los brazos deben estar relajados) como que quisieras **tocar las orejas** con los hombros.

El tercer paso es **la visualización,** consiste en que una vez estás relajado, con los ojos cerrados, trates de visualizar y **recordar un esquema o un resumen** que hayas hecho. Repásalo mentalmente y comprueba que es muy sencillo cuando estás relajado. También puedes imaginarte que estás en el examen y que te está saliendo muy bien, esto ayudará a tu preparación mental para ese momento de mayor estrés y ansiedad.

Dibujo 4.1. Visualización esquema.

Ejercicio de registro de relajación

Te proponemos que te pares 10 minutos a pensar sobre cómo te encuentras antes de comenzar a estudiar. Rellena el siguiente registro después de realizar la **técnica de relajación** que has realizado con el enlace (http://cepteco.com/tecnicas-para-controlar-la-ansiedad-respiracion-relajacion-y-visualizacion/).

Antes de realizarlo me sentía…	Después de realizarlo me siento…	¿Qué grupo muscular noto más tenso? ¿Qué sentí?	¿Qué grupo muscular noto más relajado? ¿Qué sentí?	He tenido un problema con… ¿Cómo puedo solucionarlo?

Recuerda, sería conveniente que realizaras la relajación unos **10 minutos cada día**, antes de ponerte a **estudiar** o incluso antes de ir a **dormir**, favoreciendo que concilies el sueño en el caso de estar nervioso. Tampoco debes olvidar que el **entrenamiento** en este aspecto es fundamental, así que debes tratar de ser constante en la realización de estos ejercicios.

A continuación, te proponemos un registro donde podrás ir anotando el día y la hora para conocer qué momentos son mejores para realizar estos ejercicios, cómo te sientes antes y después de realizarlos y las observaciones que sean necesarias. Para valorar **el grado de relajación** tanto antes como después de la realización del ejercicio escribe un número del 1 al 5, siendo **1 muy tenso** y **5 muy relajado.**

REGISTRO DE RELAJACIÓN				
Fecha y hora	**Duración**	**Antes** (del 1 al 5)	**Después** (del 1 al 5)	Observaciones

5. Autocontrol, autorregulación emocional y éxito laboral

Procrastinación y circuito de la culpa

El período educativo es sumamente importante para generar rutinas adaptativas en un **mundo laboral** cada vez más **cambiante** e impredecible. Pero de momento, mucho de lo que estudies seguramente no sea de tu mayor agrado, y quizás anheles poder dedicar tu tiempo a alguna otra actividad más placentera.

Es normal por ello que sufras el manido concepto de "procrastinación", es decir, el **aplazar para más tarde lo que no te apetece hacer ahora**. Tampoco te tortures demasiado por ello, ya que los humanos somos principalmente animales hedónicos, es decir, tendemos a buscar el placer y el sentirnos bien por encima de todo. Por tanto, tenderemos a evitar sentirnos mal al hacer tareas que no nos gusten demasiado, **buscando normalmente algo más agradable** (videojuegos, una serie, hablar con los amigos). Por otra parte, no es extraño que este posponer permanente nos haga sentir algo culpables, esta culpabilidad nos bloquea reduciendo nuestra productividad para acabar ocasionando una especie de bucle procrastinación-culpa que se retroalimenta cada vez más y más.

Autorregulación emocional

Para evitar este bucle es importante una autorregulación eficiente, porque cuanto antes cortemos esta retroalimentación negativa podremos terminar las tareas de manera rápida y efectiva. Algunos estudios muestran que en cuanto nos enfrentamos a algo que nos desagrada, aumenta el denominado *FOMO*. Esto son las siglas de *fear of missing out,* esto es, **miedo a perdernos eventos interesantes**, de ahí la tendencia a mirar qué hacen tus conocidos por redes sociales o chatear con tus amigos o amigas en vez de estudiar.

Cada vez se tiene más evidencia de la importancia de una buena **inteligencia emocional como factor predictor de un buen rendimiento académico y laboral**. Cognición y emoción van de la mano, con lo que cuidar ambas áreas generará normalmente mayor satisfacción en tu vida personal y mayor sentimiento de competencia en el ámbito académico.

Lo mismo que existe una inteligencia o capacidad para razonar y solucionar problemas prácticos, también existe una regulación de nuestros mecanismos emocionales, así que no podemos pretender organizarnos y ser productivos en el estudio si no somos capaces de mantener una buena gestión emocional. Esta autorregulación se podría definir como los procesos internos y externos encargados de evaluar o modificar nuestras reacciones emocionales con el objetivo de alcanzar nuestras metas propuestas.

Un modelo de **gestión emocional eficiente** puede tener los siguientes pasos:

- Ser lo más **consciente** posible de las emociones que tenemos en cada momento.

- Identificar y **etiquetar** correctamente las emociones. Podemos etiquetar y aprender nuestras diferentes percepciones emocionales, pero teniendo en cuenta que muchas veces vamos a sentir emociones simultáneas, es decir, ambivalencia. Esto es totalmente normal, las emociones **no son unidireccionales ni excluyentes**, y tenemos que aprender a vivir con niveles de ambigüedad razonables.

- Reconocer **qué ha causado** y porqué se mantienen las diferentes emociones que sentimos. En ocasiones una emoción tendrá un antecedente claro y en otras la reacción emocional puede ser más aleatoria. Si vemos un origen claro podemos trabajar para moldear la emoción a dicha situación de la manera más adaptativa posible. Pero evidentemente, tampoco tenemos que obsesionarnos en encontrar un origen, sino asumir el carácter muchas veces aleatorio e irracional de las emociones y no catastrofizar sobre ellas.

- Poder **modificar** de manera activa dichas emociones de una manera adaptativa.

- **Aceptar y tolerar** emociones no deseadas en caso de que no podamos deshacernos de ellas. Seremos capaces de moldear estas emociones a base de entrenamiento sistemático con las siguientes estrategias:
  - Ejercicios de relajación y respiración.
  - Evitar catastrofizar no viendo las emociones como un mecanismo blanco o negro.
  - Reforzar situaciones en las que nuestra estabilidad emocional se ve aumentada, y evitar aquellas que no.

- Enfrentarse de manera exitosa a situaciones de las que ya sabemos que pueden hacer de *trigger* y desencadenar emociones negativas, pero sabiendo que este un paso indispensable para poder alcanzar metas relevantes para nosotros.

- Procurarse una autosuficiencia lo más eficaz posible en el trabajo de afrontamiento emocional.

Metacognición

Como ya hemos comentado, otra área importante sería la metacognición, o "**pensar sobre cómo pensamos**", una habilidad indispensable para organizarnos de manera efectiva y no estar siempre agobiados y a merced de lo que nos ordenan hacer sin pararnos a evaluar la situación y a generar prioridades en lo que nos toca hacer. Esta habilidad tendría dos características principales: **conocimiento de la situación** en la que nos encontramos y **control de impulsos**. Son herramientas para llevar a cabo nuestras estrategias. También podemos pedir a un adulto o a otro compañero o compañera de clase que consideremos muy responsable, que nos ayude a gestionar la agenda o nuestros esquemas o resúmenes por ejemplo.

Fuerza de voluntad

Entendemos perfectamente que muchas veces **te cueste estudiar** lo que te toca, pero es importante entender que dicha fuerza de voluntad no tiene porqué ser como una barra de energía como en un videojuego, en donde a base de hacer tareas que nos dan pereza esta se acaba gastando, teniendo que recargarla hasta que podamos enfrentarnos a un nuevo reto.

En cambio, podemos encontrar **refuerzo intrínseco** en la tarea en sí misma, es decir, motivarnos ante los retos difíciles y no esperar siempre la recompensa inmediata, sabiendo que **las cosas que suelen merecer la pena requieren trabajo constante y a largo plazo.** Sabemos que suena difícil, pero el proceso de aprendizaje nunca es lineal y permanentemente ascendente, en el que equivocarnos no es catastrófico si aprendemos del error y nos autorregulamos para el siguiente obstáculo. Los estudios demuestran que **si demoramos lo bueno, nos sabrá mejor** en cuanto lo alcancemos, pero **si alargamos lo malo,** cada vez nos **sentiremos peor** en cuanto vaya llegando el momento de acercarnos a ello.

Aburrimiento

A pesar de la mala fama que tiene el aburrimiento, es inevitable que tengamos que lidiar con él en numerosos momentos de nuestra vida. Evidentemente, el tedio suele ser la primera señal de que lo que estamos haciendo no nos apasiona y no encaja con nuestros gustos particulares. Aún así, el aburrimiento en sí tiene diversas aristas y no podemos encajarlo exclusivamente en el desagrado, así que tenemos que analizar cuidadosamente lo que este nos está diciendo porque podría ser que, en vez de ser la tarea en sí, sea la manera de afrontarla, y cambiando esta no tendremos sentimientos de hastío o impaciencia que nos hagan desistir de la misma.

La evidencia científica muestra tres subcomponentes del aburrimiento: tendencia a aburrirnos, soñar despiertos y la incapacidad de estarse quieto. La primera evidentemente sería el rasgo de las personas a motivarse de manera intrínseca para la tarea. La motivación y la atención en la tarea se retroalimentan, y a veces nuestra apatía puede venir, por ejemplo, por problemas de atención sostenida sintiéndonos incapaces de concentrarnos, no porque no nos guste, sino por un diagnóstico de TDAH por ejemplo. En cuanto al soñar despiertos, la imaginación en sí no es mala, más bien al contrario, es una característica intrínsecamente humana que nos permite ser creativos e innovadores. Pero demasiado tiempo en las "musarañas" es un mecanismo evitativo, con lo que tenemos que controlar el tiempo que lo hacemos y ver si nos está limitando con el estudio o tareas a realizar. Por último, tenemos que estar activados y concentrados para ser productivos pero una excesiva inquietud es limitante y tenemos que medirla para saber hasta qué punto nos boicotea.

El autocontrol es una habilidad que se aprende. Por ello puedes practicar y mejorar tu capacidad de controlarte tratando de ejecutar una conducta que tiene consecuencias positivas a largo plazo, aunque esto suponga competir con conductas más atractivas a corto plazo. ¿Cómo se desarrolla esa habilidad que llamamos **autocontrol**?:

- Planificando el **ambiente** previo.

- Proponiendo **metas** y evaluándolas.

- Planificando las **consecuencias** para que se mantenga la conducta. ¿Qué quiere decir esto?

Sería adecuado que te felicitaras por el esfuerzo realizado y por los objetivos cumplidos. Puedes hacerlo de estas tres maneras:

Hacer cosas que me gusten	Pensar en cosas que me gusten	Felicitarme en voz alta
Escuchar música	Me imagino aprobando el examen	*Lo voy consiguiendo*
Ver TV	Me imagino recibiendo buenas notas	*¡Hoy lo he hecho todo!*
Conectarme a Internet	Me imagino aprobando todas las asignaturas	*¡Soy genial!*

Por todo ello, te proponemos que reflexiones sobre las consecuencias tanto a largo como a corto plazo para ser consciente de lo que realmente quieres conseguir. A continuación, te mostramos la estrategia que puede ayudarte.

¿QUÉ HAGO?	CORTO PLAZO	LARGO PLAZO
Lo que me más me apetece	Lo que obtengo al hacerlo inmediatamente (satisfacción, premios, esfuerzo…)	Aquello que podría pasar dentro de un período más largo si realizase eso que me apetece/ supone esfuerzo (aprobar, hacerlo mal, suspender…)
Aquello que me supone un esfuerzo		

De esta forma, te ayudará a valorar que si una opción es **más costosa** puede tener **mayores beneficios** que aquella que parece más atractiva.

Ejercicio de reflexión

Trata de rellenar la tabla anterior con el siguiente caso, ¿te ha pasado alguna vez? Si prefieres puedes rellenarla con un caso personal:

CASO: mañana tienes examen de inglés. En tu plan de estudio has previsto dedicar dos horas a repasar el vocabulario y la gramática. Cuando estás empezando, recibes un mensaje de un amigo/a para que te conectes a Twitter o Facebook, que está muy animado en ese momento.

¿QUÉ HAGO?	CORTO PLAZO	LARGO PLAZO

6. Habilidades sociales y comunicación

Cuando hablamos de habilidades sociales eficaces nos referimos a comportamientos sociales que nos llevan a actuar de forma adecuada, con la persona adecuada y en el momento oportuno, y que dan como resultado, generalmente, consecuencias agradables. De esta forma, poseer buenas habilidades sociales y de comunicación es un elemento importante en el desarrollo personal y están **directamente relacionadas con el rendimiento escolar.** La conducta prosocial en adolescentes es un predictor positivo y estadísticamente significativo del éxito académico.[6]

Entender cómo me siento o cómo se sienten los demás al hacer un cumplido o una queja **hace mejorar la relación con los otros,** nos hace empatizar con ellos y saber expresarnos.

Para ello ten en cuenta algunas variables tanto verbales como no verbales cuando estés en clase. Tu postura, tu mirada, tus gestos, el tono de voz cuando preguntes algo al profesor o cuando le contestes a una pregunta, estarán trasmitiendo un mensaje a tu profesor que será lo que te defina dentro del aula. Puedes manejar estas variables de forma que se orienten hacia una actitud activa, interesada y participativa que te ayudará a que el profesor tenga una imagen positiva de ti. ¿A qué nos referimos con esto?:

- No estés casi tumbado en la silla de clase, además de tener una **postura incorrecta,** estarás trasmitiendo una **posición de desinterés.**

- **Mira** de vez en cuando **al profesor** atendiendo a aquello que dice, le estarás trasmitiendo que estás atento e incluso asiente con la cabeza si crees que lo que dice es interesante. Estarás haciendo una **escucha activa de sus explicaciones.**

- **Apunta o realiza esquemas** de las ideas principales **de las explicaciones** de clase. Con ello estarás diciéndole que estás interesado en aprender y que le estás escuchando.

- **Cuando tengas dudas o se te presente alguna curiosidad, pregunta** siempre de forma educada. Puedes levantar la mano para pedir el turno y comienza diciendo *tengo una duda…, me gustaría preguntar… no entiendo bien la parte de…*

Las habilidades sociales nos enseñan a decir las cosas sin agresividad, de forma honesta y sincera (adoptar una comunicación **asertiva**) a los que nos rodean. Nos ayudan a evitar ser víctimas de abusos por parte de otros y a poder defender nuestros derechos de forma educada. Nos permiten **decir que no cuando exista la presión social** o del grupo sin tener que ceder en aquello que va contra nuestros principios personales.

A continuación, hay un cuadro que te enseña algunas de las habilidades sociales y cómo trabajarlas para mejorar tu relación con los demás.

HABILIDAD	EN QUÉ CONSISTE	ESTRATEGIAS
Hacer halagos	Podemos hacer cumplidos y así reforzarnos a nosotros mismos. Conseguirás sentirte bien al decir algo agradable a otra persona. Ayudar al resto a que se sienta bien.	- Ser sinceros. - Dar opinión personal. Utilizar frases *me gusta…, me encanta…, me agrada…* - Especificar la conducta concreta. - En presencia de otros, si es posible. - Decir cómo nos hace sentir. - Evitar: *pero… por qué…* o exagerar. - Ayudar a aceptarlo y agradecerlo.
Hacer quejas	Una queja es una manifestación sobre alguien o algo que no nos gusta. Es una buena forma y más rápida para solucionar un problema, sobre algo que nos moleste. Es dejar que la persona responsable sepa que estamos disgustados.	- Determinar si merece la pena. - Describir lo que no nos gusta utilizando frases como *me molesta…, no me gusta mucho…, me incomoda…* para decir cómo nos sentimos. - Comenzar y terminar en tono positivo. - Ser breves. - Hacerla en privado. - Criticar la conducta, no a la persona. - Proponer un cambio al final. - Escuchar el punto de vista ajeno.
Hacer peticiones	Hacer peticiones de forma apropiada nos permite pedir aquello que deseamos aceptando el derecho del otro a negarse.	- Ser directo. - No es necesario justificarse, pero las explicaciones ayudan. - No es necesario disculparse. - No tomar una respuesta negativa de modo personal. - Respetar el derecho de la otra persona a decir "no".
Decir no	Rechazar peticiones de forma apropiada nos proporciona un mayor control de las relaciones sociales con los demás, en este caso con los compañeros.	- No hay obligación de justificar la respuesta. - Pedir tiempo para pensar sobre la petición. - Pedir más información. - Decir frases como *no me gustaría hacer eso…, me incomoda hacer eso…* - Asumir la responsabilidad decisiones.

Puedes practicarlo con tus padres.

Ejercicio de autoevaluación de las relaciones sociales

Teniendo en cuenta lo que has visto sobre el autocontrol y las habilidades sociales, responde a las siguientes situaciones.

1) Tus amigos van a quedar para ir al cine, y te proponen que vayas con ellos. En cambio, tú tenías planeado estudiar.

¿Irías?..........

Si decidieras no ir, ¿cómo se lo dirías?

....

....

....

2) Estás estudiando y tu madre te interrumpe para decirte que tienes que ir a buscar a tu hermana. Esto te suele molestar, porque sabe que son tus dos horas de estudio.

¿Cómo le dirías que te molesta?

....

....

....

¿Le propondrías otra opción? ¿Cuál?

....

....

....

3) Tu padre te ha hecho tu plato favorito, porque has sacado muy buena nota en el último examen.

¿Cómo le halagarías?

....

....

....

7. Atención y concentración en el estudio

Mientras estudiamos, muchas veces nos acordamos de cosas que tenemos pendientes (el partido de fútbol, llamar a una amiga…), por esta razón hay una técnica muy útil que te ayudará para **controlar estos pensamientos intrusos**.

Internet y multitarea

Habiendo nacido en una sociedad en donde Internet ya está asentado, seguro que estás acostumbrado o acostumbrada a **mirar el móvil o la *tablet* cuando ves la tele**, a estar **con tu familia o amigos** mirando también otra pantalla. Por ello, esta multitarea **debería ser eliminada cuando estudies o hagas alguna actividad** mínimamente **intelectual**, ya que el cerebro humano está diseñado para centrar la atención en únicamente una sola cosa si se quiere hacer bien. No pasa nada por ejemplo si pusieras música con *beats* repetitivos para estudiar en algunas tareas que no necesiten mucha concentración (a algunas personas les puede ayudar para no aburrirse), pero el sonido de las notificaciones del **móvil debería ser desactivado** y estar situado **fuera de nuestro alcance**. Además, si en los exámenes no se te permite mirar el móvil, lo más inteligente sería practicar en casa sin tenerlo a tu lado.

Técnica de la hoja aparte

Consiste en dejar una hoja en sucio a tu lado y cuando te venga algún pensamiento que no tenga que ver con la materia que estás estudiando, lo **apuntas o dibujas** en la hoja. De este modo, evitas olvidarlo y podrás hacerlo durante el descanso y permanecer concentrado en el tema de estudio sin preocupación por los pensamientos intrusos.

Dejar fluir

Muchas veces estos pensamientos intrusos no nos dejan tranquilos solo con apuntarlos en una hoja aparte e, incluso, en muchas ocasiones tienden a crecer. Nos llevan a ponernos nerviosos porque estamos pensando en otra cosa que no sea el estudio y resulta que acabamos rumiándolos y nos dificultan el estudio. Para ello es conveniente distraer la atención si nos volvieran una segunda vez. Pero, ¿cómo parar esos pensamientos?

- **Identifica** ese pensamiento que está siendo un intruso en ese momento, es decir, aquel que no te permite concentrarte en la tarea de estudio.

- Intenta **dejarlo fluir** como si fuera una hoja en la corriente de un río antes de 90 segundos distrayendo la atención en otros estímulos a tu alrededor (mirando objetos de la habitación, leyendo en voz alta el texto que estás esquematizando, centrándote en tu propia respiración…).

- **Realiza una cuenta o actividad compleja mentalmente**. Por ejemplo, una resta de 100 a 0 de 7 en 7 números, decir el abecedario al revés, una palabra en orden inverso...

- Después dejas a un lado la tarea compleja y continúas con la tarea escolar que estabas haciendo.

- Finalmente piensa en algo positivo que te ayude a estar más tranquilo ante el estudio: *ahora ya estoy más tranquilo…, todavía tengo tiempo…, si me pongo en serio puedo hacerlo bien…*

Dibujo 7.1. Dejar fluir.

Ejercicio de Dejar fluir

Rápidamente ordena los pasos de la técnica de fluir, trata de hacer un esfuerzo por recordar los pasos en el orden adecuado, para ello coloca un número del 1 al 6 (siendo 1 el primero y 6 el último). Después comprueba si lo has hecho bien, pero…cuidado **hemos dividido los cinco pasos anteriores en seis.**

ORDEN	PASOS
	a) Restar mentalmente de siete en siete comenzando en cien hasta llegar a cero.
	b) Centrarme en observar otros estímulos al inicio de detectar el pensamiento intruso.
	c) Ahora que ya he hecho la cuenta, podré seguir con lo que estaba estudiando.
	d) Darme cuenta de que tengo un pensamiento intruso.
	e) Pensar algo positivo o que me recuerde algo bonito.
	f) Terminar la operación mental que estaba realizando.

Respuesta: 1 d, 2 b, 3 a, 4 f, 5 c, 6 e.

Recogida de notas y apuntes en clase

Para aumentar tu concentración durante las clases te proponemos que cojas apuntes o tomes notas de lo que explica tu profesor. Esto no solo te permitirá mejorar la habilidad para concentrarte ante una tarea, sino que también te facilitará el estudio ("todo te sonará") y te surgirán las dudas antes de estudiar, por lo que ahorrarás mucho tiempo.

Tomar apuntes **te mantiene atento** durante las clases y te obliga a hacer un esfuerzo por comprender y sintetizar en ideas principales lo que el profesor explica para facilitar su memorización.

Necesitas saber

– **Escuchar**: seleccionar los contenidos a través de palabras como *concluyendo…, en otras palabras…* indican ideas básicas del profesor y aclaraciones que pueden ayudarte para comprender mejor el contenido.

– **Pensar**: reflexionar y seguir el orden expositivo.

– **Escribir**: ideas, no palabras literales.

¿Cómo tomar apuntes?

- **Numera las páginas** y escribe **la fecha, el nombre de la asignatura y el tema**. Esto, sobre todo, te ayudará a orientarte y evitarás perder el tiempo al tener que ordenar los apuntes.

- **Deja siempre márgenes a ambos lados de la página** o un par de líneas al final para poder realizar aclaraciones o anotaciones posteriores.

- Procura **tomar un resumen o síntesis de lo que dice el profesor**. Nuestra escritura suele ser más lenta de lo deseable y, si pretendemos anotarlo todo literalmente, podemos perder gran cantidad de información. Recuerda las ventajas de utilizar modos de escritura abreviada (puedes inventar tu propio código).

- Presta especial **atención a los esquemas y aclaraciones** que haga el profesor.

- **Completa y aclara** los apuntes **haciendo preguntas en clase o con los compañeros y**, finalmente, en casa, consultando otros **libros de texto o Internet**.

Un ejemplo de cómo podría distribuirse un folio de apuntes es el siguiente:

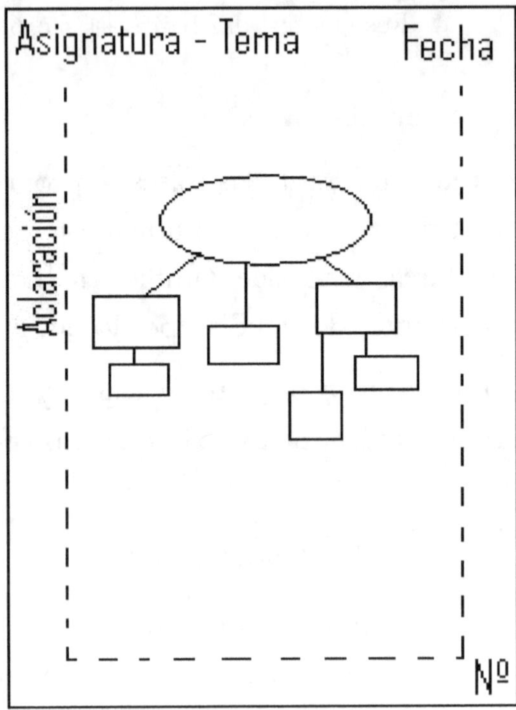

Gráfico 7.1. Modelo de distribución de apuntes en un folio.

Estrategias que mejoran la recogida de apuntes

- Tomar apuntes en un cuaderno de anillas cuadriculado o en un folio blanco DIN A4 y **clasificarlos** por asignaturas.
- Seleccionar las ideas principales del profesor.
- Establecer un **orden jerárquico** de los contenidos a los que se alude.
- Entender todo aquello que el profesor exponga.
- Reflejar preguntas y respuestas formuladas por el profesor de forma inmediata.

- Anotar **ejemplos**.
- Tomar nota de la bibliografía citada por el profesor (como consulta).
- Puedes utilizar **abreviaturas**. Recuerda SOLO EN LOS APUNTES, no sería conveniente que las utilizaras en los exámenes o trabajos.
- Dejar margen suficiente para hacer anotaciones o aclaraciones.
- EN CASA complétalos antes de que se te olviden las anotaciones y rectifica cualquier confusión.
- Te recomendamos que NO los pases a limpio dado que supone una pérdida innecesaria de tiempo.

¡OJO! Somos conscientes de que hay docentes que prefieren que no te dediques a copiar toda la hora porque el contenido explicado está en el libro de referencia. En este caso procura ir siguiendo la explicación sabiendo en todo momento en qué página y parte del tema se encuentra, pues de este modo en los **márgenes** podrás **anotar aspectos o anécdotas** que él añada a esa información. No solo te mantendrá atento a la explicación, sino que el profesor observará en ti una actitud de interés.

Para recoger apuntes en clase es muy importante desarrollar una capacidad de escucha activa y tener en cuenta las estrategias anteriores. Compruébalo a partir del cuestionario siguiente.

Ejercicio de atención en clase

Marca con una cruz si lo haces o no según se te pregunta[7]:

Situación	Qué conviene hacer	¿Lo suelo hacer?	
		SI	NO
Debate o discusión sobre un tema de estudio.	Dejar de hablar cuando sea oportuno.		
	Hablar cuando no interrumpo a nadie.		
	Aportar información sobre el tema.		
	Argumentar mi opinión cuando no estoy de acuerdo.		
	Atender a las opiniones de los demás.		
Explicación en clase.	Revisar el tema de explicación previamente.		
	Mantener una postura física adecuada.		

	Disposición de interés (silencio, atención, reflexión).		
	Anotar las ideas principales.		
Preguntas en clase.	Esperar a que me hayan formulado la pregunta completa.		
	Pensar antes de responder.		
	Pedir que me repitan la pregunta cuando no la entiendo.		
Toma de apuntes.	Apuntar la fecha.		
	Organizar según las materias.		
	Escribir el nombre del tema como título principal.		
	Numerar las páginas.		
	Dejar márgenes a los lados.		
	Respetar el margen inferior.		
	Tomar anotaciones o aclaraciones.		
	Copiar los esquemas que realiza el profesor.		
	Elaborar pequeños esquemas sobre lo que explica el profesor.		
	Anotar con mis propias palabras las explicaciones (no literal).		
	Usar abreviaturas.		
	Completar mis apuntes (con los compañeros o libros).		
	Copiar los ejemplos del profesor.		
	Apuntar la bibliografía complementaria.		
	Releer mis apuntes cuando llego a casa.		
	Corregir mis apuntes.		

Una vez hayas respondido, cuenta las respuestas afirmativas de cada situación. Puedes interpretar tu resultado con la tabla siguiente, en la que te mostramos el nivel en el que te encuentras. Debes prestar especial atención a los aspectos con puntuación en el nivel "bajo" para mejorarlos, y puedes perfeccionar también aquellos en los que puntúes como "medio".

BAREMO		
Situación	Respuestas afirmativas	Nivel en esa situación
Debate o discusión sobre un tema de estudio	2 o más	Bajo
	3	Medio
	4 o más	Alto
Explicación en clase	1 o 2	Bajo
	3	Medio
	4	Alto
Preguntas en clase	1	Bajo
	2	Medio
	3	Alto
Toma de apuntes	1 a 6	Bajo
	6 a 9	Medio
	10 a 16	Alto

Memoria

La memoria humana tiene una capacidad casi ilimitada (si se entrena, claro). Es importante por tanto **practicar habitualmente técnicas de mnemotecnia** para mejorar nuestra capacidad de aprendizaje. Aunque el sistema educativo está demasiado centrado en la memorización y reproducción directa, tampoco podemos obviarla ni evitarla: **es necesaria** para cualquier habilidad o técnica humana relevante.

Una técnica ya usada desde el tiempo de los romanos sería lo que se denominaría el **palacio de la memoria**, que consiste en visualizar (o incluso dibujar) una casa, en donde situaríamos los elementos a memorizar en un espacio concreto de la misma (felpudo, pomo, puerta, ventana, alféizar…). También, podemos hacer lo mismo con elementos físicos de nuestro escritorio (estuche, ordenador, lámpara). Las posibilidades de este método son casi ilimitadas y, aunque de primeras pensemos que esto resulta más largo para memorizar que repetir una y otra vez lo que nos toca, es innegable que funcionará mucho mejor (exceptuando quizás aquellas personas con la denominada memoria fotográfica o eidética, que son minoría).

Este componente visoespacial de la memoria (como también lo es en el lenguaje) concuerda también con estos **dos tipos de memoria** diferenciadas:

- **Semántica**: Se refiere a **palabras o conceptos** con los que nos referimos a objetos o personas.

- **Episódica**: En alusión a recordar **eventos o situaciones** y los detalles pertenecientes a los mismos (el día de tu cumpleaños por ejemplo).

Estos dos componentes recalcan la importancia de utilizar **modelos de estudio de "doble ruta"** sabiendo que la mente está configurada de esta manera. Pero como siempre, hay que realizar un esfuerzo particular de ensayo-error para afinar la mejor manera de memorizar en función de nuestras características innatas.

Autocompasión y rumiación

De todas las emociones tanto simples como complejas, dos de las más estudiadas en relación a las técnicas de estudio serían:

- **Autocompasión**: Sería la capacidad de **darnos cariño** y de adoptar con nosotros mismos una **postura benévola** y comprensiva ante situaciones dolorosas o de fracaso. Evidentemente, no pasa nada por ser mínimamente exigente con nuestros resultados académicos, pero el hacerlo demasiado suele llevar a un alto nivel de estrés provocado por una autoculpabilización y autocastigo excesivo. Está científicamente demostrado que a menor autocompasión más probable es que acabemos procrastinando ante cualquier tarea que nos toque hacer, sobre todo si esta nos resulta difícil o desagradable.

- **Rumiación**: En psicología se refiere al bucle de **dar vueltas una y otra vez a un problema,** creyendo que así aliviaremos el malestar al pensar en profundidad sobre ello. Cuando en realidad lo que suele pasar es que reforzamos dicho malestar sin encontrar soluciones efectivas ante los problemas planteados. De nuevo, razonar sobre las cosas en sí mismo no es negativo, pero si esta actividad ocupa la mayor parte de nuestro tiempo entraremos en un círculo vicioso del que cada vez será más difícil salir. Por ello, es importante **marcarse tiempos**

para reflexionar sobre ciertos temas y, si seguimos con dudas, preguntar a personas de confianza que seguro que nos darán soluciones o ideas que nos ayudarán a solucionar nuestros problemas.

8. Método de estudio: L2SERAE

Gráfico 8.1. Método de estudio L2SERAE.

L: Lectura rápida

La prelectura es una **lectura rápida del texto** que tiene como objeto detectar las ideas principales, despertar los conocimientos previos que tienes del tema y aumentar progresivamente la concentración. Para ello puedes realizar los siguientes pasos:

- Leer el **título** del texto a estudiar, el cual te señalará la idea central del tema, orientando la atención y la organización de todos los contenidos. Te ayudará mucho si consultas el índice y los bloques a los que pertenece el tema. Por ejemplo, si es un tema de resolución de ecuaciones, te paras a pensar: ¿se trata de una parte nueva de la asignatura o es continuación de temas anteriores?

Probablemente en alguna unidad anterior se hable de los tipos de ecuaciones, por lo que sería un tema que desarrolla contenidos ya explicados con anterioridad. El título ofrece una información muy valiosa, porque es el primer contenido que conoces de un texto. Por ello, debes prestarle mucha atención.

- Leer **los epígrafes** o puntos que desarrollan el texto, para hacerte una idea general del esquema del tema. En una hoja de papel puedes apuntar los nombres de los apartados que tiene el tema. También puedes realizar este paso mentalmente, sin papel ni bolígrafo, aunque es más conveniente que lo anotes. Así vas descubriendo **el esqueleto**, la estructura de la lección. Al mismo tiempo adviertes la mayor o menor dificultad del tema.

- **Visión global del tema**: qué ideas están destacadas con letra en negrita o en cursiva, si hay fórmulas o definiciones que estén recuadradas, si hay dibujos o ilustraciones que acompañen al texto.

- **Consultar el diccionario**: al final **busca aquellas palabras** que **no entiendas**. Consúltalo en un diccionario, en Internet o pregúntale a alguien. Es necesario conocer todas las palabras de un texto para comprenderlo.

Para leer más rápido	
Debo...	**No debo...**
Comenzar a leer en la 2ª o 3ª palabra. **Fijaciones** (no sílaba a sílaba): leer de palabra en palabra o agrupando palabras. Leer **por encima de la línea.**	**Levantar la vista** constantemente. **Volver atrás** (regresiones). **Vocalizar** o subvocalizar. **Mover la cabeza.** **Seguir con el dedo/lápiz** el renglón.

Para practicar este tipo de lectura y que aumentes tu velocidad lectora te explicamos un ejercicio que haciéndolo periódicamente puede ayudarte mucho.

Ejercicio: técnica de las tres páginas

- **Toma tres páginas de un libro** que tengan aproximadamente la misma extensión. Léelas de la siguiente forma:
  - La primera página a la velocidad normal a la que tú suelas leer.
  - La segunda página a la mayor velocidad posible, sin preocuparte de entender lo que lees, pero sin saltarte palabras o líneas y sin hacer regresiones.

- La tercera página a la mayor velocidad que puedas, pero esta vez asegurándote de que entiendes lo que vas leyendo.

- **Controla el tiempo** que tardas en leer la tercera página y lleva una gráfica de los tiempos empleados cada día.

Este ejercicio suele durar unos diez minutos aproximadamente. Se recomienda practicar el ejercicio una vez al día, cinco veces a la semana y en períodos de quince días, distanciados entre sí por algunos días de descanso.

Para este ejercicio, al principio, conviene utilizar lecturas fáciles. Una vez que vayas consiguiendo mayor velocidad, puedes utilizar lecturas más difíciles.

El mejor momento para ejercitarse puede ser antes de acostarte, **10 ó 15 minutos cada noche.** Tanto la velocidad como la comprensión lectora pueden mejorarse hasta un 50% más con este ejercicio.

Para que tu control de tiempos sea correcto deberás procurar que las páginas sean aproximadamente del mismo número de palabras.

Ejercicio de lectura

¿Qué haces mientras lees? Si te hicieran esta pregunta después de leer un texto, muchas veces no sabrías que contestar. Mientras leemos no solemos darnos cuenta de lo que hacemos, como mover la cabeza, seguir con el dedo… ni sabemos exactamente en qué aspectos nos fijamos en un texto. ¿Quieres comprobarlo? **Solo** tienes que leer y **fijarte** muy bien qué realizas mientras lees el siguiente texto. Después contesta al cuestionario marcando con una cruz SÍ o NO.

Los romances

Uno de los géneros más abundantes de nuestra literatura son los romances. Los hay de todas las épocas. Desde el punto de vista cronológico, nos encontramos con varios tipos, uno de ellos son los Romances viejos.

Romances viejos: son casi todos anónimos. Hoy está generalmente admitido que proceden de los cantares de gesta. Los episodios más interesantes de los largos cantares de gesta fueron siendo cantados independientemente del resto del cantar por lo juglares. El verso épico monorrimo rompe y da origen a los versos octosílabos con rima en asonante los pares.

Los romances viejos aparecen a partir del siglo XIV. Durante todo el siglo XV y hasta mediados del XVI los juglares construyen muchos romances a imitación de los que procedían de los cantares de gesta.

Los temas de estos romances son generalmente históricos, en torno a prestigiosas figuras de la historia nacional (el Cid, el Rey Rodrigo, los infantes de Lara, Fernán González…). Se agrupan formando ciclos de romances. Otros romances tratan de los episodios de la Reconquista: son los romances fronterizos. Hay romances inspirados por las hazañas de los caballeros franceses de la corte de Carlomagno (Roldán, Carlomagno…): son los romances carolingios.

¿Qué hago mientras leo?	SÍ	NO
Mientras leo…		
- Vocalizo		
- Subvocalizo		
- Muevo la cabeza de un lado a otro		
- Sigo con el dedo el renglón		
- Utilizo un papel o una regla debajo de cada línea para no equivocarme de línea		
- Levanto la vista cada poco		
- Otros (especificar):		

Lectura rápida

– Detecta las **ideas principales** del texto.

– Despierta los conocimientos previos sobre el contenido.

– **Aumenta la concentración** progresivamente.

– Comprender las palabras desconocidas.

2: Lectura comprensiva

Leer de manera comprensiva implica que adoptes una postura activa, analítica, reflexiva y crítica de lo que estás leyendo. Por tanto, para este tipo de lectura hay que tener en cuenta ciertos aspectos que se realizan mientras se lee, con qué lecturas nos vamos a encontrar y, sobre todo, unos pasos que hay que seguir para su realización.

Supone	Para mejorar	Tipos
Extraigo idea principal: – ¿De qué trata el texto? – ¿Cuál es el tema general del texto? – ¿Cuál es la idea que es imprescindible en el texto?	Leer ideas, NO palabras.	– Entretenimiento (rápida).
Extraigo ideas secundarias: – ¿Qué ideas complementan la idea principal? – ¿Qué ideas giran en torno al tema principal?	Ir estructurando los contenidos (mentalmente).	– Reconocimiento (rápida y a saltos). – Tienes que imaginarte esta lectura como si un caballo fuera dando saltos encima de las líneas.
Hacerme preguntas: – ¿Qué, quién, cómo, cuándo, dónde, por qué…?	Fijarse gráficos e ilustraciones.	– Está demostrado que la vista al leer, va dando saltos. Cuanto mayor número de palabras leas en cada salto y, por lo tanto, cuantos menos saltos tengas que dar, mayor será la rapidez lectora.
Valorar la lectura: – ¿Lo he entendido? – ¿Podría explicar el texto a otra persona?	Aclarar el vocabulario que no conozco (si no lo he hecho en la lectura rápida).	– De estudio (lenta y muy reflexiva).

Tipos de párrafos

Es necesario destacar los diferentes tipos de párrafos con los que te puedes encontrar para el razonamiento de un texto. Posteriormente podrás utilizar la determinación de los tipos de párrafos para utilizarlo en la realización de esquemas, subrayado y resúmenes. Éstos son:

- **Párrafos principales:** recoge la idea principal, pero no siempre se encuentra al inicio, sino que puedes hallarla al final del texto como conclusión de las argumentaciones anteriores.

- **Párrafos secundarios:** no encierran ninguna idea principal, su misión consiste en completar o aportar datos sobre la idea fundamental.

- **Párrafos enlace:** no aportan información relevante alguna. Son párrafos que dan paso a las ideas siguientes.

Pasos de la lectura comprensiva

Conocer el vocabulario- diccionario

Si no lo has hecho en la lectura rápida, será conveniente preguntar las palabras que no entiendes y aclararlas, extraerlas del contexto o bien buscarlas en el diccionario.

Identificar tipos de texto

Es necesario que identifiques el tipo de texto y en función del mismo analizar de una u otra forma el contenido:

- **Comparativo:** se comparan dos o más elementos o fenómenos.

- **Problema-solución:** exposición de un problema en su primera parte y exposición de las posibles soluciones en la segunda (una solución para un problema o varias soluciones para un problema).

- **Causal:** se ponen en relación dos o más fenómenos en términos de que uno es la causa del otro.

- **Descriptivo:** de un determinado acontecimiento o hecho se describen diversos aspectos.

- **Secuencial:** se detallan los pasos o fases de un hecho a lo largo del tiempo.

Cada uno de estos tipos se puede representar gráficamente, por lo que identificar el tipo de texto te facilitará el resto de los pasos como el subrayado y el esquema. Esta representación la mostramos en el apartado de esquemas.

Ejercicio de diferenciación de textos

A continuación, te presentamos cinco textos que corresponden con los distintos tipos explicados anteriormente. Debajo de cada uno de ellos tienes un espacio para que coloques el nombre del tipo que consideres.

Texto 1[8]	Texto 2[9]
Las fosas nasales son dos amplias cavidades situadas sobre la cavidad bucal. Se abren al exterior por los orificios o ventanas nasales y comunican con la faringe a través de dos orificios denominados coanas. El suelo está constituido por el paladar, y el techo por los huesos nasales, el frontal y el etmoides. Las dos fosas nasales están separadas entre sí por el tabique nasal, que está constituido por el etmoides, el vomer y el cartílago nasal. De las paredes laterales salen tres repliegues laminares denominados cornetes.	Dos de las grandes unidades morfoestructurales son los zócalos y los macizos antiguos. Los zócalos son llanuras o mesetas formadas en la era primaria como resultado del arrasamiento por la erosión de cordilleras surgidas en la orogénesis. En la actualidad son relieves predominantemente horizontales. Por otro lado, los macizos antiguos, son montañas formadas en la era terciaria debido al levantamiento de un bloque de un zócalo. En la actualidad presentan cumbres suaves y redondeadas.
Tipo de texto:	Tipo de texto:
Texto 3[10]	**Texto 4[11]**
Se denomina **tipificación de la variable** al paso de la variable X que sigue una distribución $N(\mu,\sigma)$ a otra variable Z que sigue la distribución $N(0,1)$. Esta transformación consiste en: 1º **Trasladar**, es decir, hacer la media cero $(\mu=0)$. 2º **Reducir**, o sea, hacer la desviación típica uno $(\sigma=1)$	El atentado de Sarajevo fue el desencadenante de un conflicto que todo el mundo creyó que sería corto, pero que se alargó durante cuatro años. La guerra dejó un saldo terrible en pérdidas humanas y en destrucción económica, y remodeló de manera considerable el mapa político europeo con la aparición de nuevos estados, la descomposición de viejos imperios y la movilidad de las fronteras anteriores a la guerra. Pero, quizá, la consecuencia más grave provino de las duras reparaciones impuestas por los vencedores a los vencidos (especialmente Alemania) que crearon las condiciones que condujeron a un segundo conflicto en solo 20 años.
Tipo de texto:	Tipo de texto:

<table>
<tr><td align="center">Texto 5[12]</td></tr>
<tr><td>

En el contexto del liberalismo y nacionalismo del siglo XIX, la correspondencia entre Estado-nación se dio en pocos casos y lo más frecuente fueron los desajustes entre ambos. La configuración de las clases sociales con intereses diversos dentro de los Estados-nación incidió directamente en la política.

El liberalismo se hizo conservador y tendió a restringir los derechos a los ciudadanos sin un determinado nivel económico.

Para dar respuesta a lo anterior, surgieron nuevas perspectivas políticas identificadas con la democracia, que reclamaba los plenos derechos para todos los ciudadanos, o con el socialismo, que ponía el acento en la igualdad social.

</td></tr>
<tr><td>

Tipo de texto:

</td></tr>
</table>

SOLUCIÓN:

1. Descriptivo   2. Comparativo   3. Secuencial   4. Causalidad   5. Problema -solución

Lectura por párrafos-guiones

Este es uno de los pasos más importantes ya que se trata de extraer los guiones, variables o categorías que van organizando el texto. Es un proceso de razonamiento que es necesario practicar. Algunos ejemplos de estas variables son: definición, causas, consecuencias, personajes, tipos, características… ¿Cómo organizar el texto?:

- Cada párrafo nos habla de una **idea**. Aunque algunos párrafos sean introductorios o enlace, de primeras trataremos de hablar de que cada párrafo nos dice una cosa diferente.

- Anota **en el margen** la variable correspondiente a ese párrafo, bien abriendo una llave, flechas o una raya que abarque el párrafo que contenga la información a que haga referencia esa variable.

Es muy importante que dediques tiempo a esto, ya que una vez extraigas estos guiones realizar el esquema y el resumen será mucho más fácil. Estos guiones o variables son:

- Definición o concepto.

- Lugar.

- Tiempo.

- Cantidad.

- Función.

- Causa.

- Consecuencia.

- Personajes (principales o secundarios), autores o figuras.

- Características o rasgos.

- Tipos, clases, clasificación o modalidades.

- Proceso.

Ejemplo

Tiempo (guión 1)

> **El ferrocarril**
>
> La construcción de la red ferroviaria fue a partir de los años treinta del siglo XIX

Características (guión 2)

> El ferrocarril proporcionaba rapidez, enorme capacidad de carga, menor coste, mayor seguridad…

Lugar (guión 3)

> La primera línea de ferrocarril unía Liverpool con Manchester.

Autopreguntas

Si al leer el texto encuentras dificultades para encontrar el guión o la variable del párrafo puede ayudarte haciendo una serie de **preguntas** al texto. Cada pregunta induce a diferentes variables tal y como en la siguiente relación:

AUTOPREGUNTAS	
Partículas interrogativas	**Guiones/variables**
¿Qué?	Definición o concepto.
¿Quién?	Personajes, autores, protagonistas principales o secundarios.

¿Cómo?	Características, rasgos, funcionamiento, tipos… NOTA: es una partícula especial que puede darnos lugar a distintas variables.
¿Dónde?	Lugar.
¿Cuándo?	Temporalidad.
¿Cuánto?	Cantidad.
¿Para qué?	Función.
¿Por qué?	Causa.

Hay más guiones que pueden resultarte útiles:

Apartado	Fase
Característica	Fórmula
Clase	Hipótesis
Consecuencia	Origen
Demostración / Ejemplo	Problema
Experimento	Resumen
Aspecto	Factores
Causa	Finalidad
Conclusión	Función
Definición	Introducción
Desarrollo	Partes
Evolución	Prioridades

Cálculo de comprensión lectora

Te animo a que practiques lo anterior con el texto que figura más abajo. Después verás una fórmula muy sencilla con la que podrás calcular tu nivel de comprensión lectora y un gráfico donde podrás ir anotando tus progresos. Anímate y practica con el siguiente texto:

Tiempo inicial: 770 palabras.

La acumulación de la información[13]

Vamos a tratar ahora de un tema fascinante –los cambios que tienen lugar de un modo espontáneo en tu memoria–. Imagina por unos momentos que eres una máquina registradora.

Primero recibes la información (estudio). En segundo lugar, acumulas la información (memoria) y finalmente la recobras y reproduces (evocación). Este proceso no es, en modo alguno, mecánico.

Gran parte de la información que llega a nuestros órganos de los sentidos ni siquiera es registrada, y mucha es inmediatamente olvidada. Y está muy bien que así sea, pues de otro modo sería colosal la simple tarea de registrar y acumular la información. En vez de esto, solo percibimos y recordamos aquellas cosas que son adecuadas a nuestros propósitos. Desde el principio, la percepción es selectiva. Cuando estás escuchando una clase generalmente no te das cuenta de las perspectivas o ruidos ajenos, sino que estás centrado (o deberías estarlo) en lo que dice el que habla.

Incluso en este caso, probablemente, pierdes una buena parte de lo que se está diciendo, al dejar que tu atención decaiga o se dirija a tus pensamientos; o estás atareado escribiendo algunas notas y el que explica te pasa delante. Por ello, si cien personas atienden a una explicación, cada una habrá captado una versión ligeramente diferente.

Lo mismo puede aplicarse a la lectura de libros de texto. Mientras lees habrá lapsos en la atención o empezarás a pensar en otra cosa mientras tus ojos continuarán pasando por encima de las letras. Todo esto es inevitable, y debe admitirse porque hemos de hacer una selección de la masa de información aprovechable que estimula constantemente nuestros órganos de los sentidos. El ser humano es muy rápido en captar lo que le es familiar. Puedes reconocer una frase corta en una décima de segundo. Incluso así hay un límite en la cantidad de perspectiva de conjunto que puedes captar en un tiempo dado.

Una vez que una idea se ha registrado, ha entrado en la conciencia, se almacenará mucho mejor si intentas deliberadamente recordarla. De nuevo hay límites para la cantidad de información que puedes retener. La capacidad de memoria inmediata de casi todos los adultos inteligentes se limita a unas nueve cifras que les hayan dicho en el espacio de una por segundo, como 3-7-1-8-2-6-4-9-5. Esto quiere decir que nadie puede retener en la mente más de nueve símbolos inconexos, incluso durante un tiempo muy corto, y aunque éstos sean muy familiares. Sin embargo, se puede repetir de esta forma una frase de unas veinte palabras, quedando demostrado que cuando los datos que hay que recordar tienen un sentido y una relación entre sí, la capacidad memorística es mucho mayor. Esto te habría de indicar que las materias que tienen un sentido y una relación son más fáciles que las materias sin sentido.

Cuando consideramos la rememoración después de un intervalo de tiempo, podemos ver enseguida que no es un proceso mecánico sino que es, muy a menudo, una reconstrucción. Supón que tienes un sobrino y que no puedes recordar si cumple ocho o nueve años. ¿Cómo procedes? Si estamos en el año 2017 puedes restarle nueve y preguntarte qué hacías en 2008. Te acuerdas de que este año os trasladasteis a Londres y tuviste que residir con tus padres. Tu hermano, el padre del niño, también estaba allí entonces, y su hijo no había nacido todavía. Así pues, llegas a la conclusión de que tu sobrino ha de tener ocho años y no nueve. Has reconstruido este hecho a partir de tus recuerdos del pasado. (Probablemente hay muchas personas en cuyas mentes el pasado está muy deficientemente organizado: es muy fácil confundir las series temporales de hechos). De este modo, al reconstruir el pasado sacas de ello el mejor partido que puedes a la luz de los pocos hechos y señales que recuerdas.

Hay dos procesos que trabajan sobre las memorias: por una parte, aquellos que las debilitan y las desintegran; y por otra aquellos que las agudizan, aunque a menudo modificándolas y simplificándolas de modo que concuerden con el resto de tus conocimientos y prejuicios. Las huellas memorísticas entre las que tienes que buscar al responder a las preguntas de examen serán diferentes de las huellas impresas en tu estudio inicial.

La rememoración ha de hacerse, generalmente, en palabras. Los hábitos del lenguaje son otra fuente de distorsión y modificación.

La gente tiende a recordar en términos estereotipados y tópicos. Los vocabularios no son ilimitados. La relación de la experiencia original se altera a fin de adaptarse a nuestra manera corriente de pensar y hablar.

Tiempo final:

IMPORTANTE: sin consultar el texto de nuevo responde a las preguntas que aparecen más abajo.

I.   La manera por la cual somos capaces de expresar lo que sabemos es la siguiente:
   a) 1. estudio 2. evocación 3. memoria.
   b) 1. memoria 2. estudio 3. evocación.
   c) 1. estudio. 2. memoria 3. evocación.
   d) 1. memoria 2. evocación 3. estudio.

II. Una de las características más sobresalientes de la percepción es su:
   a) Selectividad.

b) Enorme sensibilidad.

c) Amplio rango de captación.

III. El hombre capta con mayor rapidez todo aquello que le resulta:

a) Totalmente desconocido.

b) Imprevisto.

c) Relativamente conocido.

d) Familiar.

IV. La capacidad de retención inmediata alcanza, en el ser humano, a:

a) 25 símbolos inconexos.

b) 9 símbolos inconexos.

c) 10 símbolos relacionados.

d) 30 símbolos relacionados.

V. La capacidad mnemónica aumenta cuando:

a) Los símbolos están relacionados.

b) Los símbolos son inconexos.

c) Los símbolos están dispersos.

VI. La evocación al cabo de un cierto lapso se realiza a manera de:

a) Automatización.

b) Simultaneidad.

c) Reconstrucción.

VII. Los dos procesos que actúan sobre la memoria son:

a) Similares.

b) Opuestos.

c) Interrelacionados.

VIII. La propiedad más sobresaliente de la memoria es:

a) Su inmutabilidad.

b) Su volubilidad.

c) Su adaptabilidad.

Una vez que termines de responder las preguntas, comprueba cuántas son correctas con las soluciones que tienes más abajo. Para comprobar tu comprensión lectora utiliza la siguiente fórmula:

$$CL = \frac{(n)\ n^\circ\ de\ preguntas\ constadas\ correctamente}{(N)\ n^\circ\ total\ de\ preguntas} \times 100 = \%$$

En este test los porcentajes de comprensión son como sigue:

7 respuestas correctas: 87,5%.

6 respuestas correctas. 75%.

5 respuestas correctas: 62,5%.

4 respuestas correctas. 50%.

Respuestas: Ic IIa IIIb IVb Va VIc VIIb VIIIc

BAREMO

87,7% - 100% comprensión lectora muy alta

75% - 87,5% alta

62,5% - 75% normal o media

50% - 62,5% baja

Menos del 50% muy baja

Para llevar un control de tus mejoras en comprensión lectora, puedes realizar un gráfico como el siguiente, en el que puedes relacionar tu puntuación con cada ejercicio, y ver tu progreso:

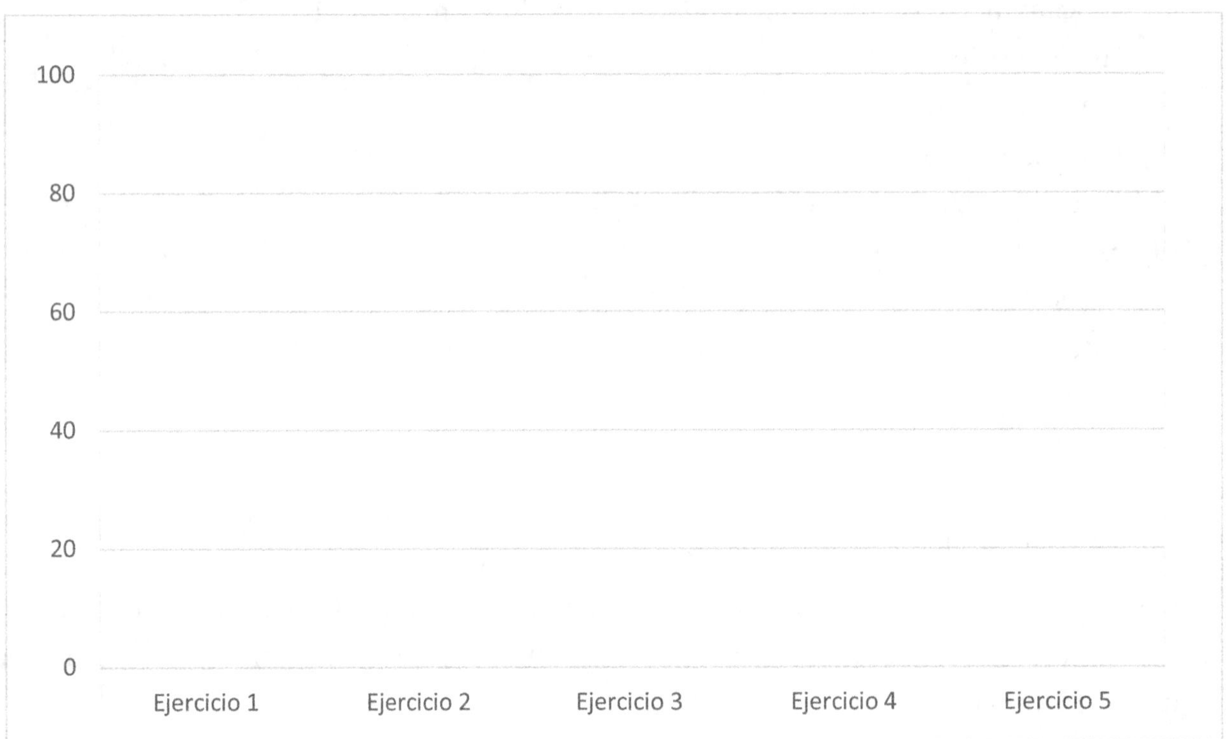

Gráfico 8.2. Baremo.

S: Subrayado

El subrayado es una técnica muy útil para tu estudio que se realiza después de la lectura comprensiva y te servirá como base para realizar el esquema posteriormente. Subrayar te permite:

- Entender mejor la **organización** del texto.

- **Delimitar ideas** y favorecer la lectura analítica y sintética.

- Facilitar los **repasos**.

¿Cómo encontrar las ideas principales?

Pueden ser de gran ayuda **los guiones** extraídos en la lectura comprensiva, si además utilizas las siguientes **estrategias** o reglas sencillas:

- Intenta leer el texto **suprimiendo** la frase que consideras **principal**. Si pierde su sentido, entonces quiere decir que aquella frase que falta es la más importante para comprender el mensaje y por tanto, es la principal.

- También te puedes fijar, para descubrirla, **en aquella que más se repite**, por sí misma o por medio de sinónimos, es decir, el concepto que más veces aparece será o puede ser la idea principal.

- Finalmente, a veces la idea principal es aquella que se expresa diciendo: «lo principal es...», «Como conclusión...», «Finalmente...», u otras **palabras que quieran reforzar la importancia** de lo que se va a decir.

- Fíjate **en los guiones extraídos** en la lectura comprensiva.

¿Cómo puedo subrayar?

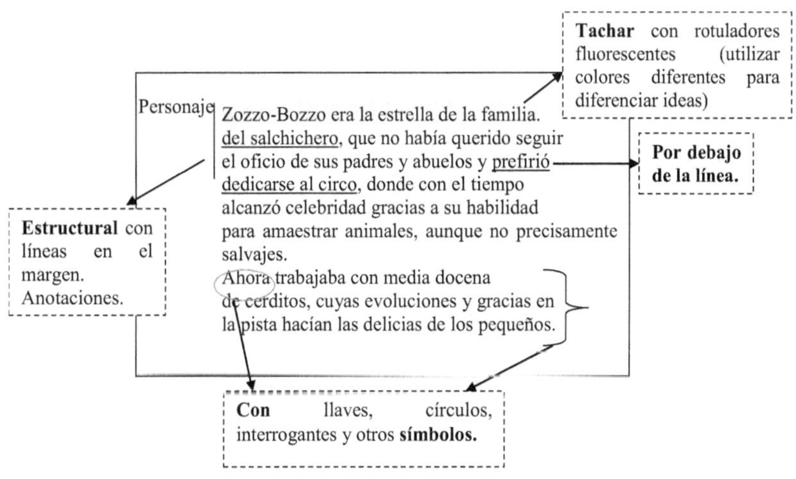

Imagen 8.1. Ejemplo de subrayado.

Subrayado

– Pasar de la idea **del párrafo a los conceptos** con los que elaborar el esquema.

– **Subrayar palabras.** No es necesario que tenga sentido sintáctico.

– En la lectura comprensiva ya hemos hecho un **subrayado estructural,** extrayendo los guiones o variables.

– Realizamos el **subrayado lineal** cuando subrayamos con una línea por debajo y el tachado con algún fluorescente.

– Podemos utilizar el **subrayado de realce** cuando destacamos con otro color, flechas, círculos…

– Recuerda que si utilizamos colores debemos establecer una **jerarquía de colores** (rojo cosas más importantes, azul autores…) **y mantenerla** para todas las asignaturas.

Ejercicio de subrayado

Como puedes ver, este texto que incluimos a continuación ya está subrayado, pero creemos que todavía se puede sintetizar más. Para ello puedes eliminar o añadir cosas subrayando, utilizando diferentes colores, haciendo signos o anotaciones en los márgenes en el texto vacío (texto sin subrayar).

Puedes seguir los aspectos anteriormente descritos. Después compáralo con la solución (texto modelo), no te olvides de taparla antes de empezar.

Texto subrayado:

<u>Los turistas contienen la respiración</u> cuando se encuentran ante la pirámide de Keops <u>que se levanta al sudeste del Cairo (Egipto).</u>

<u>Su estructura es gigantesca</u>, tan alta como un edificio de 140 pisos y <u>ocupa una superficie de casi 5 ha.</u>

Está <u>compuesta de millones de grandes bloques</u> <u>de piedra, de 2,5 toneladas</u> de peso, que <u>tuvieron que ser</u> <u>cortados, desbastados, transportados</u> y colocados en la estructura con gran precisión.

<u>Los únicos medios mecánicos con que contaban</u> los constructores egipcios <u>fueron la palanca y el rodillo, pues todavía no conocían la polea.</u>

Texto sin subrayar:

Los turistas contienen la respiración cuando se encuentran ante la pirámide de Keops que se levanta al sudeste del Cairo (Egipto).

Su estructura es gigantesca, tan alta como un edificio de 140 pisos y ocupa una superficie de casi 5 ha.

Está compuesta de millones de grandes bloques de piedra, de 2,5 toneladas de peso, que tuvieron que ser cortados, desbastados, transportados y colocados en la estructura con gran precisión.

Los únicos medios mecánicos con que contaban los constructores egipcios fueron la palanca y el rodillo, pues todavía no conocían la polea.

Texto modelo:

Los turistas contienen la respiración cuando se encuentran ante la pirámide de Keops que se levanta al sudeste del Cairo (Egipto).

Su estructura es gigantesca, tan alta como un edificio de 140 pisos y ocupa una superficie de casi 5 ha.

Está compuesta de millones de grandes bloques de piedra, de 2,5 toneladas de peso, que tuvieron que ser cortados, desbastados, transportados y colocados en la estructura con gran precisión.

Los únicos medios mecánicos con que contaban los constructores egipcios fueron la palanca y el rodillo, pues todavía no conocían la polea.

Puedes practicar otros textos de subrayado en las actividades complementarias, piensa que puedes pedir ayuda a tus padres para que lo realicen contigo.

E: Esquemas

Los esquemas son un método que te ayudarán a organizar los contenidos y jerarquizar ideas. Es importante que los esquemas sean: claros, concisos, escuetos, organizados y que contengan los contenidos del texto. Para ello ten en cuenta el trabajo realizado en los pasos anteriores.

Los tipos de esquemas más comunes son los que te presentamos a continuación, escoge aquel que mejor se adecúe al texto con el que estés trabajando:

- De llaves.
- De números.
- De flechas.
- Tabla de doble entrada.
- Mapas conceptuales.
- Mixtos.

Me ayudan…	¿Cómo deben ser?
Tener una visión completa del tema. Relacionar las ideas. Mejorar la asimilación. Racionalizar el estudio. Facilitar los repasos.	Ha de dar una idea completa del contenido del texto (clara y sencilla). Escrito con frases cortas y palabras clave (estilo telegráfico). Cada idea tiene su sitio y se relaciona con las demás. Abundantes signos gráficos (llaves, flechas, subrayados, números, recuadros...). Las ideas de igual categoría se encuentran a la misma altura y tendrán, por tanto, el mismo tipo de letra, color, subrayado... Las ideas o conceptos representados a la izquierda son más importantes y generales que los representados a la derecha.

Los **pasos** que debes seguir para realizar un esquema son:

- El esquema debes realizarlo de unidades que puedas manejar, es decir, no suele ser conveniente realizarlos de todo el tema, ya que o bien quedan incompletos o es demasiada información a la vez. Te recomendamos que lo hagas **por apartados**, más vale muchos esquemas pequeños y claros que uno de todo el tema incompleto e incomprensible.

- Leer y subrayar previamente. Y si se desea, realizar **anotaciones al margen**.

- Encontrar el **título** de nuestro esquema, que debe englobar la idea principal del texto.

- Abrir la llave y no cerrarla, ya que no sabemos lo que el esquema ocupará por abajo. Si se trata de un esquema de números o cualquier otro tipo tampoco lo cerraríamos.

- Identificar los apartados principales, pero de momento solo ponemos el primero, puesto que no sabemos lo que nos va a ocupar éste.

- Resumir el contenido del apartado en **frases cortas**, abreviar si es necesario y realizarlo así con los distintos apartados.

- Ir cerrando llaves, números…

- Puede venir bien que se complete con un **diagrama**.

- Añadir colores, subrayados, etc., a las ideas más importantes.

- Y ahora… ¡a memorizarlo!

Identificar el tipo de texto te ayudará a estructurar la información del texto en un esquema. A continuación, te proponemos diferentes **organizadores gráficos** para **representar la información** de los textos.

Comparativo

Comparar dos o más elementos.

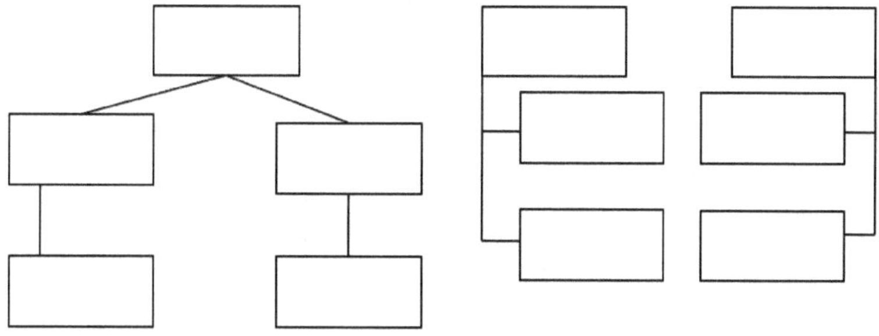

Imagen 8.2. Comparación.

Problema-solución

Exposición de un problema en su primera parte, y en la exposición de las posibles soluciones en la segunda.

a) Una solución para un problema:

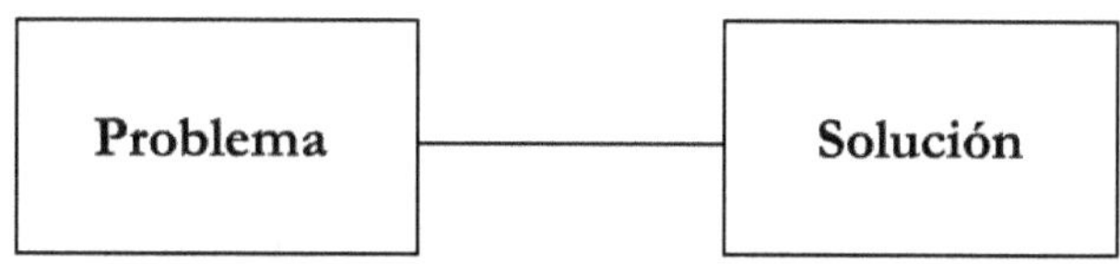

Imagen 8.3. Una solución para un problema.

b) Varias soluciones para un problema:

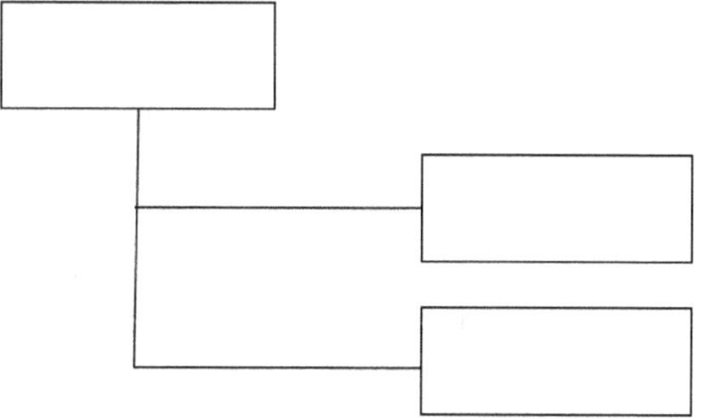

Imagen 8.4. Varias soluciones para un problema.

c) Varios problemas con una solución

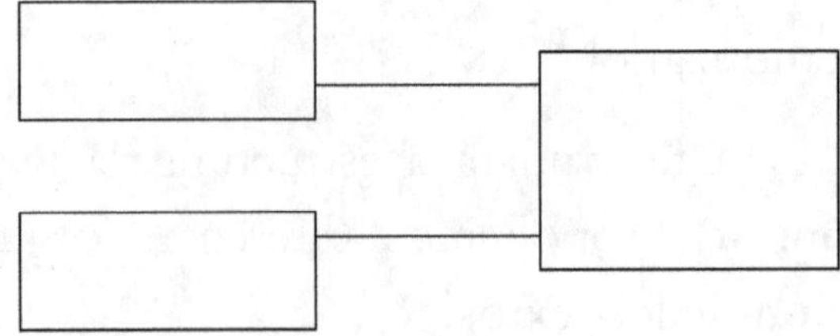

Imagen 8.5. Varios problemas con una solución.

Causal

Se ponen en relación dos o más fenómenos en términos de que uno es la causa del otro.

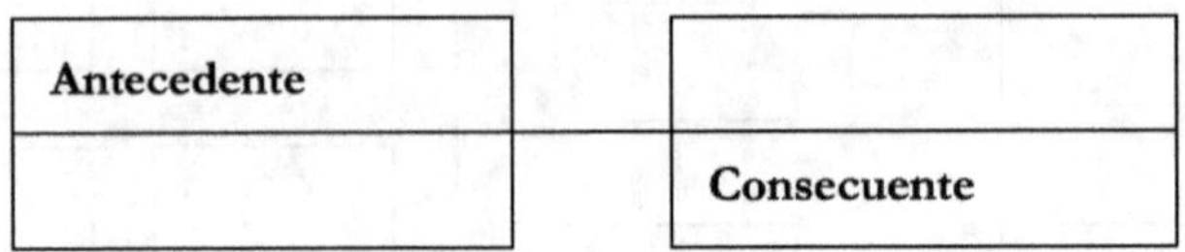

Imagen 8.6. Causalidad.

Descriptivo

Cuando de un determinado acontecimiento o hecho se describen diversos aspectos.

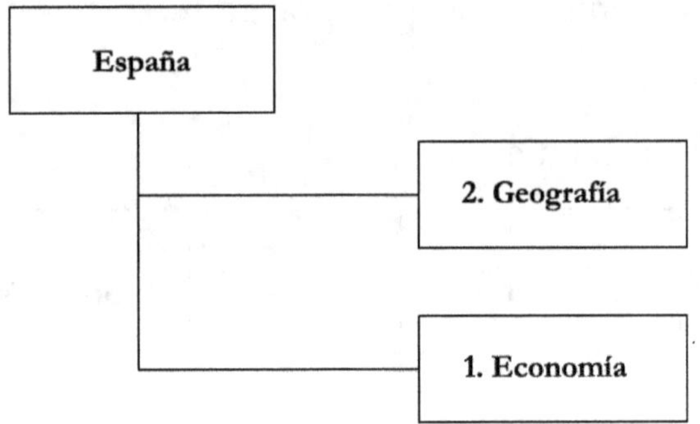

Imagen 8.7. Descripción.

Secuencial

Se describen los pasos o fases de un hecho a lo largo del tiempo.

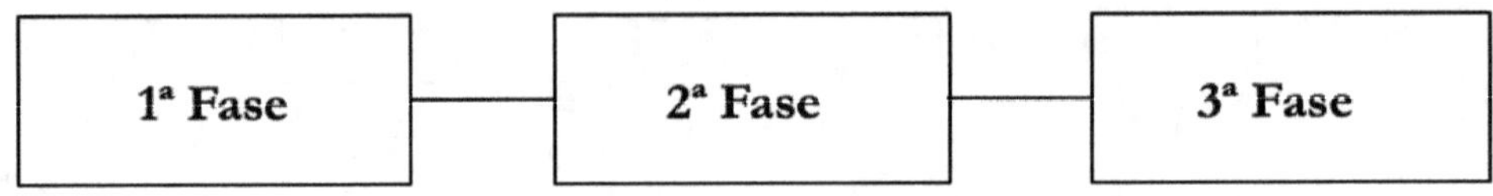

Imagen 8.8. Secuencial.

Ejercicio de organización de esquemas

¿Recuerdas la actividad donde te pedíamos que identificaras los tipos de texto? Era el ejercicio para identificar los tipos de texto. Ahora puedes completar los modelos que te acabamos de presentar con los textos que aparecen en dicha actividad. Recuerda que puedes adaptar la organización del esquema siempre y cuando represente al tipo de texto correspondiente.

Mapas mentales

Entendemos que a veces es difícil extraer la información y organizarla según los tipos de esquemas propuestos anteriormente. Por esta razón queremos ofrecerte una alternativa más flexible: los mapas mentales. Aunque los mapas mentales son una estrategia más flexible sería un error pensar que esta estrategia carece de jerarquías y un orden. Por ello destacamos la definición propuesta por Muñoz (2010), quien concibe los mapas mentales como "un organigrama o estructura gráfica donde se reflejan los puntos o ideas centrales de un tema, estableciendo relaciones entre ellas y que utiliza, para ello, la combinación de formas, colores y dibujos".

Aunque no se pretende realizar una revisión conceptual del término "mapa mental", todas las definiciones ponen de manifiesto la importancia del componente visual en el proceso de comprensión, organización y memorización de la información. Por esta razón, si consideras que tu estilo de aprendizaje es visual, te animamos a que utilices esta estrategia ya que según los docentes los mapas son una herramienta importante al permitir el uso de ambos hemisferios, desarrollando y explotando todas las capacidades, tanto la espacial y de la imagen, así como la del razonamiento lógico. Para ello, resumimos a continuación una serie de instrucciones basándonos en las ideas que destacan Mazzarella y Monsanto[14]:

- Se debe enfatizar usando colores, usando imágenes, representación y variando el tamaño de las letras.
- Las ideas deben estar asociadas con flechas, conectores, usando códigos, símbolos y subrayando.
- Se debe utilizar una y solo una palabra por línea y en lo posible horizontal, envolver en círculos y/o líneas de distinto tipo.
- Crea jerarquías numerando o añadiendo líneas en blanco, pero sobre todo, debes pensar que la distribución de las ramificaciones debe ser armónica asegurando que todas las palabras se lean perfectamente y en la dirección correcta. Te permite utilizar infinitas posibilidades.

- Intenta crear tu propio mapa mental, no se trata de ser estricto. Puedes añadir imágenes relacionadas al final de cada ramificación o incluso una central relacionada con el tema.

A continuación, te mostramos un ejemplo de un mapa mental:

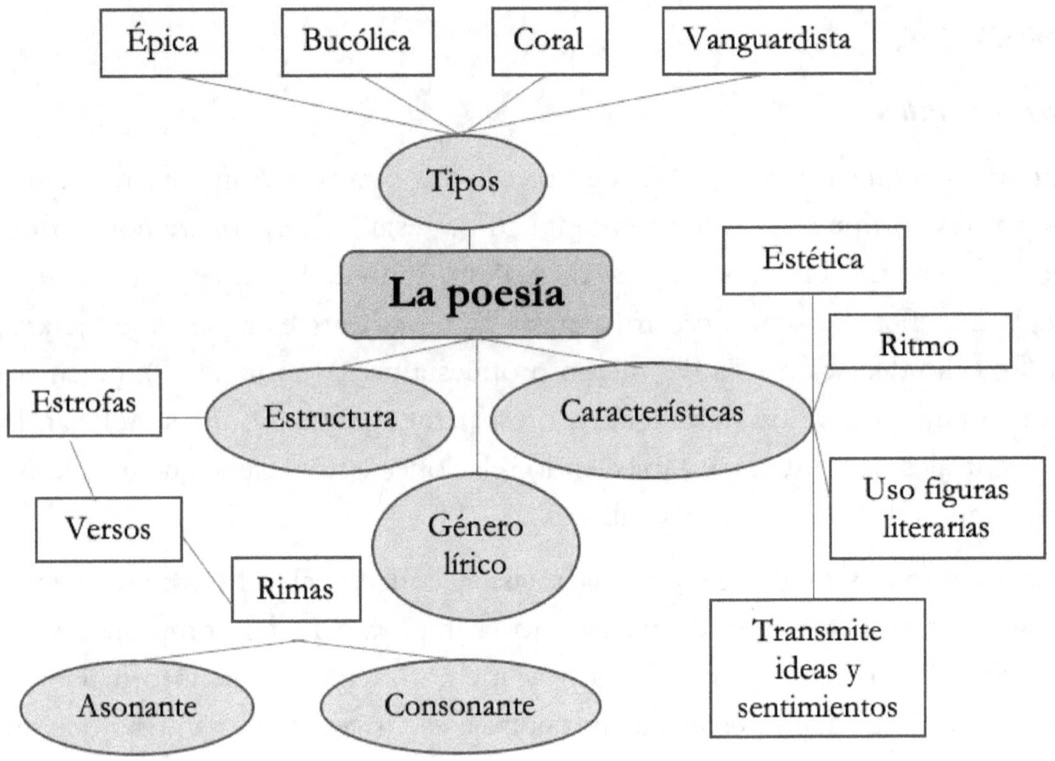

Imagen 8.9. Mapa mental.

R: Resumen

Para realizar un resumen debes seguir los siguientes pasos:

- Revisa el trabajo que has realizado con el texto.

- Los guiones y las autopreguntas realizadas en la lectura comprensiva, son los aspectos sobre los que se va a organizar el resumen.

- Construye **tu propio** resumen y que no sea un conjunto de frases con sentido sintáctico. ¡Hazlo tuyo!

- Organiza los contenidos mentalmente. Puedes **organizarlo** según el orden temporal, según ideas principales o secundarias y sus características, fases de acontecimientos, problema-solución o incluso causas-consecuencias.

- Rellena en forma de borrador este organizador gráfico para la escritura, que te servirá como referencia (con la práctica podrás realizarlo mentalmente).

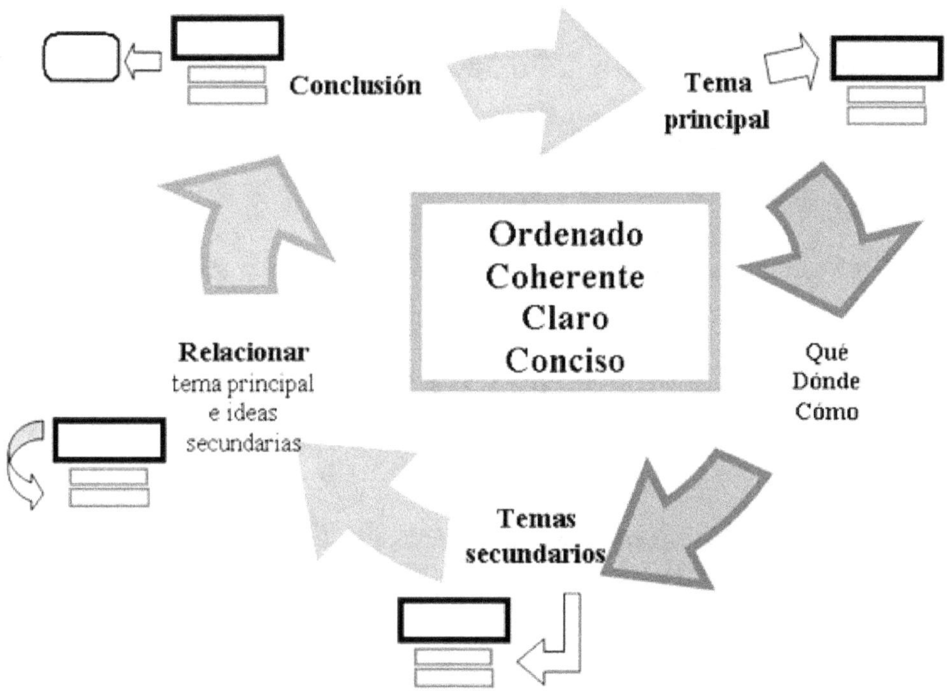

Imagen 8.10. Organizador gráfico para la escritura.

Primero… (solo con palabras clave)	Idea principal Ideas secundarias	
Segundo hablaré sobre (solo con palabras clave)	Idea principal Ideas secundarias	**RELACIÓN DE IDEAS**
En tercer lugar… / para **finalizar…** (solo con palabras clave)	Idea principal Ideas secundarias	
CONCLUSIÓN		

Nota: Podrías elaborar el resumen a partir del esquema realizado o bien ayudarte con el cuadro anterior.

- Escribir el resumen de forma clara, breve y organizada (**orden lógico).**
- **Revisar** qué has escrito (¿has explicado aquello que muestra el esquema/borrador?, ¿te falta algo?, ¿deberías eliminar algo?, si fueras una persona que no hubiera leído el texto original ¿lo entenderías?).

El resumen te ayudará a
−Identificar las **ideas principales**. −Reconocer las ideas **secundarias**.

−Descubrir la intención del autor.

−Reducir la extensión del texto (**25 ó 30%** del texto original).

−Expresarlo con tus **propias palabras**.

Ejercicio de resumen

A partir del texto siguiente trata de rellenar el cuadro expuesto anteriormente. En solo diez minutos tendrás las ideas del texto estructuradas. ¡Ánimo es muy fácil!

¡Recuerda! Puedes subrayar o incluso realizar un esquema si después te ayuda a completar el cuadro. Comprueba de qué forma más sencilla consigues extraer las ideas principales que componen el texto.

Manifestaciones artísticas de la cultura griega

Algunas manifestaciones artísticas como la arquitectura y la escultura, alcanzaron gran esplendor en Grecia. Los griegos introdujeron los cánones clásicos de proporción y belleza, estableciendo así las bases de la arquitectura y la escultura occidental.

La arquitectura griega era arquitrabada, es decir, los edificios estaban construidos sobre muros y columnas verticales, que sujetaban vigas horizontales.

El templo era la construcción más significativa de la arquitectura griega. Se erigía en honor a sus dioses y a él no tenían acceso los ciudadanos. Los templos no eran considerados lugares de culto. Se construían para ser admirados desde el exterior, en toda su belleza y proporción. Cada edificio estaba sometido a unos principios de composición y orden, dando lugar a los llamados órdenes dórico, jónico y corintio.

El ejemplo de mayor esplendor arquitectónico griego lo constituye la Acrópolis de Atenas. Acrópolis significa en griego "ciudad alta" y, en realidad, esta ciudadela está situada sobre una colina, a unos 80 metros de Atenas. En la Acrópolis, Periquees hizo construir edificios religiosos monumentales para plasmar la gloria de la ciudad. Algunos de ellos fueron el Partenón, el Erecteion y el templo de Atenea Niké. Estas construcciones sagradas se edificaron bajo el dominio de la Liga de Delos y con la dirección de un escultor y arquitecto llamado Fidias.

En cuanto a la escultura, la figura humana fue la fuente de inspiración en todos los períodos de la antigua Grecia, aunque en cada uno de ellos, se trató de forma distinta:

- En la **época Arcaica** (siglos VII y VI a.C.), las figuras eran rígidas, es decir, carecían de naturalidad. Una característica de estas esculturas era la sonrisa contenida de los rostros, denominada sonrisa arcaica. Las esculturas propias de este período eran los desnudos masculinos y atléticos, llamados kuroi, y las esculturas femeninas con vestidos de hermosos pliegues denominadas korai.

- En la **época Clásica** (siglo V a.C.), los escultores trabajaron la naturalidad de las figuras. Éstas estaban idealizadas y solo se buscaba armonía, perfección y belleza. El escultor *Policleto* utilizó un canon en el que la altura del cuerpo equivalía a 7 veces la cabeza, denominado canon de Policleto. Esculturas como el **Doríforo** de *Policleto*, el **Discóbolo** de *Mirón*, el **Hermes** de *Praxíteles*... son ejemplos de estas esculturas clásicas.

- En el **período Helenístico** (siglos IV y III a.C.), continúa el interés por representar una naturalidad cargada de dramatismo y expresión. Son frecuentes los temas históricos o mitológicos. Ejemplos magníficos los constituyen la **Venus de Milo**, el grupo de **Laocoonte** o la **Victoria de Samotracia**.

A: Asimilación y memorización

Llegados a este punto toca asimilar toda la información que has analizado, ya que todo este trabajo no servirá de nada si no conseguimos memorizarla de cara al examen. Aunque este paso puede entenderse como el más copioso y pesado, a continuación te proponemos algunas técnicas con las que facilitamos dicha tarea.

<table>
<tr><td align="center">Para ayudar a mi memoria</td></tr>
<tr><td>
−Debo entrenarla con el ejercicio.
−Hacer esquemas.
−Asociar con los contenidos.
−Integrarlos en lo ya aprendido.
−Utilizar reglas mnemotécnicas.
−Repasar para evitar el olvido.
</td></tr>
</table>

Ejercicio de asimilación

Lee el siguiente texto con atención:[15]

"De una estación de metro sale un tren. En uno de sus vagones viajan seis pasajeros. En la primera parada salen cuatro pasajeros y entran dos. En la siguiente estación salen dos y entran tres. Otra parada más y bajan tres pasajeros. A continuación, baja un pasajero y entran tres. En la última estación bajan cuatro pasajeros"

- ¿En qué te has ido fijando al leer este texto?

- ¿Qué datos has tratado de retener en la memoria?

Pues mira, la pregunta que se te hace es la siguiente: ¿cuántas estaciones ha recorrido el metro? (responde SIN volver a leer).

¿Cómo crees que lo harían tus padres?

Compártelo con ellos y comprueba si ellos hacen lo mismo que harías tú.

- ¿En qué se han fijado al leer?

- ¿Qué datos han tratado de retener en la memoria?

Los siguientes ejercicios pueden ser unos buenos "trucos" que me ayuden a ejercitar la memoria:

Método de acrósticos

Si me tengo que estudiar clasificaciones compuestas de términos nuevos y desconocidos para mí puedo utilizar este método, es tan fácil como formar palabras con las sílabas iniciales de una lista de nombres.

Por ejemplo, para recordar mejor los tipos de tejidos conectivos podemos inventar la palabra **CACO,** cuyas letras coinciden con las iniciales de las clases de tejidos conectivos: Conjuntivo, Adiposo, Cartilaginoso y Óseo.

Ejercicio de acrósticos

Practica este método con los siguientes elementos. Según formes las palabras con las iniciales, léelo tres o cuatro veces y cuando consideres que ya lo has memorizado trata de escribirlos en una hoja.

Ecosistema	microorganismos	animales
Biotopo	trófico	autótrofo
Biocenosis	plantas	algas

Invento de rimas o canciones

Trataríamos de hacer poesías o buscar una melodía para una determinada información difícil de recordar. Por ejemplo, para recordar las clases de tejidos conectivos (conjuntivo, adiposo, esquelético, óseo y cartilaginoso) podríamos ayudarnos de la rima:

Pepito Conjuntivo, el Adiposo,

quedóse esquelético

por comer solo lo Óseo y Cartilaginoso.

Ejercicio de rimas y canciones

¡Vamos a practicar este método! A continuación, te proponemos brevemente un contenido relacionado con la materia de biología. Compón tu propia canción o poesía y luego grábate, después pide una opinión a tus padres ¿es pegadiza para recordarla?

La cadena trófica

De todas las relaciones que existen en un ecosistema, considerando éste como una unidad biológica en la que coexisten componentes vivos (biocenosis) y no vivos (biotopo) que están interconectados mediante relaciones diversas y que establecen redes de interdependencia que intercambian materia y energía, predominan aquellas que se establecen entre los animales, las plantas (o las algas) y los microorganismos para buscar alimento.

La cadena de relaciones (inventa una historia)

Si tuvieras que recordar elementos en un orden determinado, así como los puntos sobre los que debes hablar en una exposición, podrías inventar una historia muy exagerada e imaginativa que te ayudara a recordarlo. Esta técnica es muy útil porque solo tendrías que asociarlas entre sí de una forma muy imaginativa.

Un ejemplo muy sencillo que te puede ayudar en tu estudio es el siguiente:

Supongamos que tienes que aprenderte estos elementos (no se realizaría con solo tres elementos):

1. Mermelada.
2. Huevos.
3. Pepinos.

- Asocias el primer elemento con un contexto o ambiente, en este caso la compra. Podrías imaginarte a muchos clientes nadando en mermelada dentro de un supermercado.

- Después de imaginarte toda la mermelada, puedes imaginar una gran sartén donde se fríe mermelada y una gallina poniendo un huevo en un recipiente de mermelada.

- Olvidas la mermelada y relacionas los huevos con el siguiente elemento, los pepinos. Tal vez puedas acordarte de que alguien está rompiendo huevos con un pepino.

Dibujo 8.1. Cadena de relaciones.

Ejercicio de la cadena de relaciones

Construye una historia con las siguientes palabras:

RÍO SED SUEÑO

MONTAÑA MUNDO DEMOSTRACIÓN

MESSI VIENTO NOVELA

COMETA COMIDA ALUMNO

El fundamento es unir la imagen con la acción y la emoción.

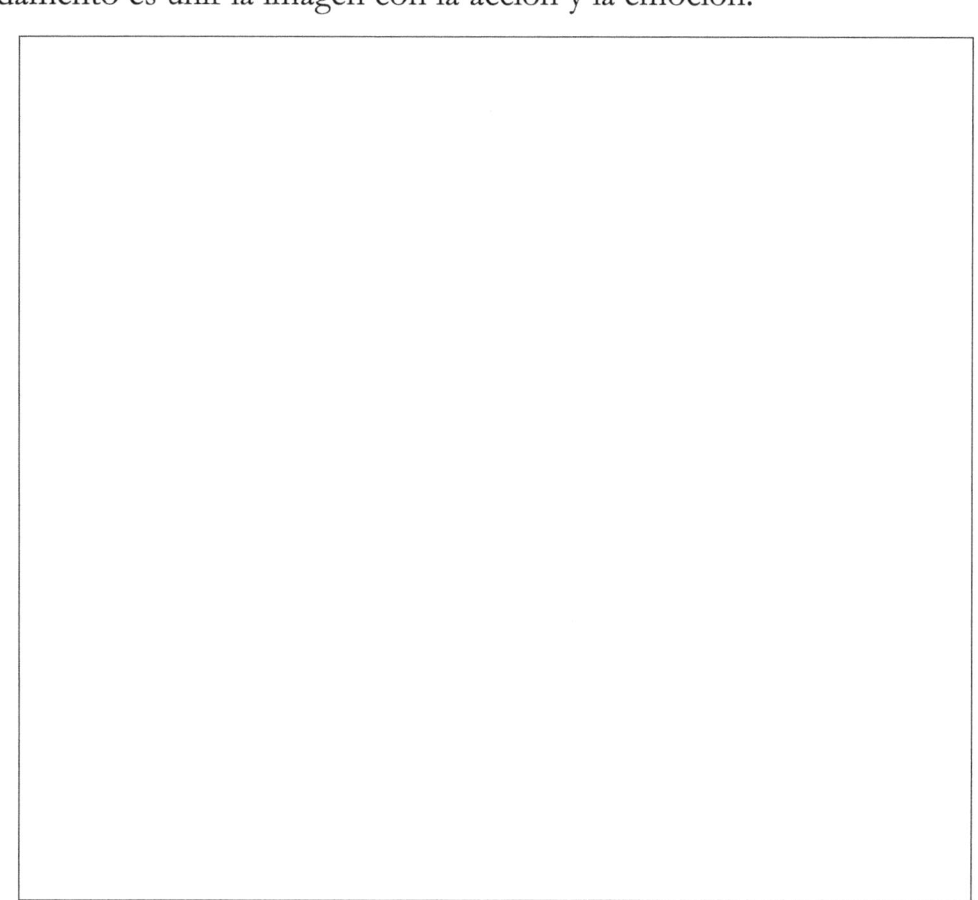

Imágenes visuales

Consiste en asociar una palabra a una imagen visual determinada. Se aplica de la siguiente forma:

- Haz una lista con varios lugares que te resulten conocidos o familiares y que se puedan recordar siempre en el mismo orden.

- Asocia cada palabra que quieras memorizar a un lugar de la lista. La primera palabra a recordar al primer lugar de la lista, la segunda, al segundo lugar y así sucesivamente.

- La asociación de palabra-lugar debes realizarla mediante una imagen visual clara. Para ello, cierra los ojos con el objeto de eliminar estímulos visuales que te distraigan.

- De este modo, recordarás cada palabra a través del recuerdo del lugar asignado a la misma.

Dibujo 8.2. Ejemplos de imágenes visuales.

Técnica numérica

Consiste en asignar **letras a cada número y darle un sentido** a cada palabra que surge. Es una técnica muy útil para recordar cifras y fechas. Por ejemplo, si quieres recordar el año del fallecimiento de Ramón y Cajal (año 1934), puedes sustituir los números que forman cada cifra por las letras con que se corresponden por orden alfabético.

Así se pueden construir las palabras AICD o AI CD que se corresponderían con la cifra 1934.

Esquema inusual

Otro camino para memorizar las ideas principales de un tema es dibujando.[16] Se trata de que realices un esquema poco corriente, es decir, un dibujo que represente el tema, pero no es necesario un calco exacto, sino que debe ser algo imaginativo, creativo, humorístico, sorprendente o incluso absurdo.

No existen normas, solo necesitas estas tres claves:

- Fluidez.

- Flexibilidad.

- Originalidad.

Observa el ejemplo sobre las características del teatro nacional (XVII)[17]:

Desde el punto de vista formal y estructural, las características del teatro nacional del siglo XVII son:

- Se rompe con las tres unidades de lugar, tiempo y acción del teatro clásico y renacentista.

- La obra, escrita en verso, se divide en tres actos o jornadas (exposición del caso, complicación de la trama y desenlace).

- Se recurre a la polimetría, utilizando estrofas y metros diversos.

- Se busca adaptar el lenguaje y los versos a las situaciones y a la calidad de los personajes.

Dibujo 8.3. Ejemplo de esquema inusual.

Ejercicio de esquema inusual

Intenta realizar un esquema inusual del siguiente texto. Recuerda que cuanto más imaginativo y extravagante sea mejor lo recordarás. Después compruébalo.

La sociedad de consumo

Actualmente nos encontramos ante una sociedad de consumo. El objetivo primario parece ser en nuestros días el consumo generalizado, convirtiéndose los consumidores en auténticos autómatas, olvidando las diferencias existentes no solo entre países desarrollados y subdesarrollados, sino también las desigualdades que se dan en nuestro propio país.

Una de las causas la encontramos al asociar el consumo con desarrollo o progreso, siendo así las necesidades fruto de la producción; por tanto, a medida que la abundancia aumenta en una sociedad, se crean nuevas necesidades sin cesar.

Por otra parte, estamos dominados por poderosas organizaciones de publicidad que incitan además a una constante ostentación por medio del consumo.

Mira atentamente el dibujo y trata de recordar aquellos aspectos esenciales para la lectura. Después enumera las ideas esenciales del texto.

Dibujo 8.4. Sociedad de consumo.

E: Exposición

Consiste en **recitar lo que has aprendido planificándolo** con antelación. Para ello puedes guiarte de los esquemas que has realizado para el estudio y realizar un breve guión de los puntos de los cuales tienes que hablar.

La exposición también implica la realización de **deberes** pues antes de hacerlos ya lo habrás memorizado, así como también harás una exposición en los **repasos** y finalmente en los **exámenes**.

Recuerda que **tus padres pueden ayudarte**, escuchando tu exposición o realizando el guión previo a la misma. Si tus padres tienen una copia de ese guión mientras expones, puede ser buena idea que cuando termines de recitar los contenidos, ellos te hagan preguntas sobre el tema.

Ejercicio de exposición

Te proponemos que, para realizar el último paso del método, con un ordenador u otra herramienta, te grabes mientras expones los contenidos. Posteriormente, puedes escucharte y corregir aquello que crees que no está claro o que podrías organizar mejor. Recuerda que puedes pedir a tus padres que sean ellos los que te graben. Después de escuchar la grabación, te proponemos que rellenes el siguiente cuadro:

Valoración sobre mi exposición	
Creo que se entiende mejor…	
Creo que se entiende peor…	
La parte que menos me cuesta exponer es…	
La parte que más me cuesta exponer es…	
Mis padres dicen que me entienden mejor en la parte…	
Mis padres dicen que me entienden peor en la parte…	
Creo que debo modificar la parte del guión en…	

9. Exámenes y repasos

Es importante que el estudio de los exámenes lo planifiques correctamente para facilitar tu tarea:

- **Modifica el horario** diario de trabajo con el fin de incluir la preparación del examen tal y como explicamos anteriormente en la planificación. **Divide la materia** de examen entre los días que dispongas para su preparación, reservando al menos un día para el repaso final.

- Utiliza los esquemas, resúmenes o fichas que hayas realizado día a día.

- Autoevaluación: expón los temas **oralmente**.

- Si la materia del examen es muy amplia, realiza **esquemas-guía** de cada tema que te ayuden a organizar su contenido.

Existen momentos críticos para un examen, ¿cuáles son y cómo puedes organizarte?

DÍA ANTES DEL EXAMEN	DÍA DEL EXAMEN	DURANTE EL EXAMEN	DESPUÉS DEL EXAMEN
NO a los atracones, solo realiza un repaso final. Duerme bien. Si estás nervioso, tenso o fatigado, puedes salir a pasear, ver la TV… y hacer los ejercicios de relajación.	NO hagas repasos de última hora. NO le des más vueltas, solo te pondrás más nervioso. NO estudies nueva materia. NO hables con los compañeros de lo que podrían ponerte en el examen.	Intenta relajarte, RESPIRA PROFUNDAMENTE. Lee todas las preguntas, CON ATENCIÓN. Reparte el tiempo. Comienza por preguntas que mejor sepas. Realiza un ESQUEMA mental o escrito de cada una de las preguntas. Debe ser breve, te servirá para que no se te olvide ningún aspecto. Redacción clara, frases cortas. NO divagues en exceso. Presta atención a la organización y limpieza. Evita las dudas ortográficas, usa sinónimos.	RELÁJATE, no le des más vueltas hasta la corrección del profesor.

Ejercicio de palabras

Para incrementar el uso de sinónimos coloca una cruz en la columna correspondiente según consideres que la segunda palabra es equivalente u opuesta respecto de la primera:

PAREJA DE PALABRAS	EQUIVALENTE	OPUESTA
1. demorar- adelantar		
2. mito- realidad		
3. cuidar - mimar		
4. inconstancia- firmeza		
5. remuneración- salario		
6. pausa-intervalo		
7. pusilánime- valiente		
8. reiterar- repetir		
9. sollozar – gritar		
10. apatía- indiferencia		
11. reprimir- restringir		
12. agradable-ameno		
13. cauto-ingenuo		
14. rescindir-anular		
15. sazonar-aliñar		
16. pelear-lidiar		
17. condecoración - recompensa		
18. nervioso-intranquilo		

SOLUCIÓN:

1.O 2.O 3.E 4.O 5.E 6.E 7.O 8.E 9.O 10.E

11.E 12.E 13.O 14.E 15.E 16.O 17.E 18.O

Ejercicio de autoevaluación

Marca con una cruz en la casilla SÍ o NO en función de si realizas lo que en la frase se describe. Después compáralo con la tabla de los momentos críticos de un examen y fíjate en aquello que debieras cambiar. Puedes pedir opinión a tus padres, ellos podrán ayudarte.

AFIRMACIÓN	Sí	No
1. El día del examen estudio materia nueva		
2. Doy bastantes vueltas a mis respuestas después de un examen		
3. Repaso a última hora porque me siento más tranquilo		
4. Comienzo por las preguntas que mejor me sé		
5. Leo atentamente las preguntas antes de empezar a escribir		
6. El día antes del examen, si estoy muy nervioso, procuro distraerme viendo una pantalla o dando un paseo		
7. Suelo repartir mal el tiempo en los exámenes		
8. El día antes del examen trato de dormir las horas recomendadas		
9. Realizo un esquema o un guión muy sencillito de cada pregunta		
10. Más que un repaso final, el día antes del examen, lo que tengo son atracones		
11. Busco palabras para escribir una misma cosa, cuando tengo dudas de cómo se escribe		
12. En los exámenes hago bastantes tachones y no me suelo preocupar por la limpieza		
13. A pesar de no estar seguro de la respuesta, suelo divagar bastante al contestar		

Planificación de exámenes

Día	Asignatura	Temas	Reparto de Materia / Días				Repaso

Recuerda que sería muy útil que realizaras un breve esquema en la misma hoja del examen (que luego puedas borrar) o en otra que sea en sucio, de la pregunta a contestar. No debe ser un esquema bien hecho, solo como guión para saber que tienes que ir escribiendo. Esto te ayudará a que no divagues o que no te olvides de ningún aspecto a tratar.

10. Estudio de algunas materias específicas

Existen algunas materias que por diferentes motivos presentan algunas pequeñas **variaciones** en su metodología de estudio. Dichas materias son las matemáticas y las ciencias, por una parte, y los idiomas por otra.

Las matemáticas y ciencias físico-químicas

El estudio de estas materias se asemeja a la **construcción de un edificio**. Si los cimientos están bien asentados el edificio puede seguir construyéndose, si no es así se derrumbará o deberá paralizarse. Es decir, los conocimientos previos son fundamentales para asentar sobre ellos aprendizajes nuevos. Los pasos a seguir en estas materias son los siguientes:

- **Prelectura** del tema en el libro o apuntes.
- Lectura **analítica con subrayado y esquematización**. Si se detectan ausencias de conocimientos previos se aíslan y se acude a revisar, aclarar o buscar posibles ayudas.
- Es imprescindible el uso de **"papel y lápiz"** para ir realizando las demostraciones, explicación de fórmulas...
- **Aplicación de la teoría a los ejercicios**.

Los pasos a seguir en la resolución de problemas:

- **Comprensión** del problema. Lo que supone analizar cuidadosamente el enunciado y expresarlo con nuestras palabras.
- **Esquematizar** el problema extrayendo y dejando muy claros los datos que aporta el enunciado y las incógnitas que plantea.
- Concebir una **estrategia de resolución** del mismo. Para ello se ponen en relación los datos y nos preguntamos si necesitamos algún otro dato intermedio para llegar a la solución final.
- Ejecutar el **plan**.
- Examinar la **solución** obtenida y comprobar si es **lógica** o no.

Las capacidades y aptitudes para las matemáticas y las ciencias (razonamiento lógico, abstracto, numérico y asociativo) sólo las desarrollarás si las **practicas habitualmente** y lo haces con método.

En el estudio de las matemáticas y las ciencias (física y química) se cometen errores que pueden ser la causa de bajos rendimientos en las mismas. Los **errores** más habituales en su estudio:

- Basar el estudio **exclusivamente** en las **explicaciones** del profesor.
- **No** realizar estudio analítico de la **parte teórica** del tema utilizando el libro.
- **No** aclarar **conocimientos previos** necesarios para la asimilación y buena comprensión de nueva materia.
- **Creencia en la falta de capacidad** para el estudio de estas materias, lo que conduce a un progresivo abandono y rechazo de las mismas con el consiguiente fracaso. En otras palabras, ausencia de confianza para el estudio de estas asignaturas, manifestada a través de pensamientos del tipo: *se me dan mal, no las entiendo, yo no puedo hacer más...*

El estudio de idiomas

El estudio de los idiomas presenta ciertas diferencias de método respecto a otras asignaturas. El estudio de cualquier idioma debe convertirse en un **hábito**, lo que indica que el trabajo ha de realizarse sin prisa pero sin pausa. Estas son las *claves* más importantes para el buen rendimiento en el estudio de los idiomas:

- **Poco tiempo de estudio pero todos los días** es mucho más efectivo que mucho tiempo concentrado en un solo día.
- El aprender **vocabulario** aislado es poco menos que inútil. El vocabulario se va aprendiendo a medida que vaya apareciendo en los **textos**.
- Al traducir textos **no** debe de **abusarse del diccionario**, antes de consultarlo mejor intentar obtener el significado de la palabra por el contexto en el que aparece en el texto.
- Cuando se utiliza un **diccionario** bilingüe hágase en las **dos direcciones**. Sólo así nos aseguraremos que estamos eligiendo la palabra apropiada o significado correcto.
- La forma de construcción de las oraciones o estructuras gramaticales es diferente en cada idioma. Por lo que es fundamental el conocimiento gradual de la **gramática** del idioma que se estudia. Para ello es conveniente familiarizarse con la misma **leyendo libros** graduados de más sencillos a más complejos.
- Al **hablar** es conveniente hacerlo en **voz alta**, procurando evitar el rubor y la inseguridad que a muchas personas les proporciona el hecho de hablar en otro idioma.

- Al hacer una **redacción nunca** debe hacerse en **castellano;** desde el primer momento se escribirá en el idioma estudiado, empleando el poco vocabulario y gramática que conozcamos.

11. Conclusiones

En este manual hemos tratado de proporcionarte una serie de **estrategias** que te ayudarán a **mejorar tu rendimiento académico** y, sobre todo, a tener unos hábitos de estudio adecuados.

De modo que, si ya has leído el manual y has ido realizando paso a paso tanto la organización del ambiente, la planificación y la puesta en marcha del método has dado un gran paso para adquirir un **método de estudio eficaz**. Se trata de una herramienta para adquirir una serie de habilidades y estrategias que permitirán mejorar tu capacidad respecto al estudio.

Una vez llegado al final puede darte la impresión de que son muchos pasos a seguir pero hay que tener en cuenta que aproximadamente **a partir del primer mes los irás automatizando** hasta un punto en el que alguno de ellos podrás saltártelo o, incluso, hacer dos a la vez. Esto no solo te permitirá adoptar una técnica de estudio correcta, sino también llegar a ser eficiente en dicha tarea.

Recuerda que uno de los pilares que sostiene este método es la **flexibilidad**, es decir, tratar de seguir este manual no debe suponerte un esfuerzo a mayores sobre el estudio. El ambiente, la planificación, los apuntes o incluso los pasos del método son un soporte de ayuda que te facilita el trabajo.

Si tienes un objetivo claro y realista siempre será más fácil que consigas los resultados esperados y que estés dispuesto a mantener este método, el cual te dota de una **satisfacción** de logro personal que te permitirá ir teniendo mayor autonomía.

¡Ánimo en este intento!

NOTAS

[1] Gallegos, J., Linana-Thompson, S., Stara, K. y Ruvalcaba, N. (2013). Preventing childhood anxiety and depression: Testing the effectiveness of a school-based program in Mexico. *Psicología educativa 19* (1), 37-44. Planteamos este cambio de actitud según la afirmación de esta fuente, la cual declara que los problemas de comportamiento interfieren en diferentes variables y una de ellas es el rendimiento académico.

[2] Tejedor, F.J.T. y Muñoz-Repiso, A.G.V. (2007). Causas del bajo rendimiento del estudiante universitario (en opinión de los profesores y alumnos): propuestas de mejora en el marco del EEES. *Revista de Educación, 342*, 419-442.

[3] Marugán, M., Martín, L.J., Catalina, J. y Román, J.M. (2012). Estrategias cognitivas de elaboración y naturaleza de los contenidos en estudiantes universitarios. *Psicología educativa, 19* (1), 13-20. Según esta fuente se denomina "estudiante maduro" a aquel que utiliza de manera más consciente las estrategias de aprendizaje para planificar, supervisar y revisar su propio proceso de estudio. En esto está basado nuestro método L2SERAE.

[4] Kraushaar, J.M., y Novak, D.C. (2010). Examining the affects of student mulitasking with laptops during the lecture. *Journal of Information Systems Education, 21* (2), *241.*

[5] Hug-Gins, E.R.I.C.A., Ennis, M. y Zuttermeister, P.C. (2000). Academic performance among middle school students alter exposure to a relaxation response curriculum. *Journal of Research and Development in Education, 33 (3),* 157.

[6] Saura, C.J.I., Gil, G.B., Redondo, J., Fernández, J.M.G., Esteban, C. R., Casellas, C. E., y Huescar, F. (2009). Conducta prosocial y rendimiento académico en estudiantes españoles de Educación Secundaria Obligatoria. *Anales de psicología. 25* (1). 93-101.

[7] Elaboración propia a partir de Castillo, G. (1983). *Los padres y los estudios de sus hijos.* Ediciones Universidad de Navarra, S.A. Pamplona.

[8] Redondo, L.C. (2016). *Manual de ventilación mecánica.* Jaén: Formación Alcalá. Pág. 13.

[9] Texto extraído de Muñoz-Delgado, M.C. (2003). *Geografía. Bachillerato.* Madrid: Anaya.

[10] Texto extraído de González, C., Llorente, J. y Ruiz, M.J. (2006). *Matemáticas aplicadas a las Ciencias Sociales 1.* Madrid: Editex.

[11] Texto extraído de Aróstegui, J. et al. (2003). *ATALAYA. Historia del mundo contemporáneo.* Barcelona: Vicens Vives.

[12] Texto obtenido de Aróstegui, J. et al. (2003). *ATALAYA. Historia del mundo contemporáneo.* Barcelona: Vicens Vives.

[13] Maddox, H. (1967). *Cómo estudiar.* Barcelona: Tau. Págs. 69-70.

[14] Buzan, T. y Buzan, B. (1996). *El libro de los mapas mentales.* Barcelona: Urano.

[15] Tierno, B. (1988). *Cómo estudiar con éxito.* Barcelona: Plaza Joven Ediciones.

[16] Monterde, F. (1988). *Método "Artex-7" para estudiar más y mejor*. Barcelona: PPU.

[17] Gutiérrez, S. et al. (2003). *Lengua y literatura*. Navarra: Anaya.

BIBLIOGRAFÍA

Acuña, V. (2001). Estudio activo. Planificación y metodología. Madrid: EOS.

Álvarez, M.; Fernández, R.; Rodríguez, S. y Bisquerra, R. (1988). *Métodos de estudio*. Barcelona: Ediciones Martínez Roca S.A.

Antognazza, E.J. (1983). *El placer de estudiar*. Buenos Aires: IPPEM.

Antunes, C. (2001). *Estimular las inteligencias múltiples. Qué son, cómo se manifiestan, cómo funcionan*. Madrid: Narcea.

Aróstegui, J. et al. (2003). *ATALAYA. Historia del mundo contemporáneo*. Barcelona: Vicens Vives.

Báez y Pérez de Tudela, J. y Báez y Pérez de Tudela, J.M. (1998). *Método y técnicas de estudio. Manual para estudiantes*. Madrid: Edinumen.

Ballenato, G. (2005). *Técnicas de estudio. El aprendizaje activo y positivo*. Madrid: Pirámide.

Benson, H. y Proctor, W. (1990). *La relajación. Una terapia imprescindible para mejorar su salud*. Barcelona: Grijalbo.

Bettelheim, B. y Zelan, K. (1997). *Aprender a leer*. Barcelona: Grijalbo Mondadori, S.A.

Brunet, J.J. (1980). *Técnicas de estudio. Curso práctico*. Madrid: Bruño.

Bui, D.C. & McDaniel, M.A. (2015). Enhancing learning during lecture note-taking using outlines and ilustrative diagrams. *Journal of Applied Research in Memory and Cognition. 4* (2), 129-135.

Buzan, T. y Buzan, B. (1996). *El libro de los mapas mentales*. Barcelona: Urano.

Carbonell, R.G. (1987). *Estudiemos sin esfuerzo. Nuevo método de motivación, estudio, concentración y memoria*. Madrid: EDAF.

Crone, E. A., & Steinbeis, N. (2017). Neural perspectives on cognitive control development during childhood and adolescence. *Trends in Cognitive Sciences, 21*(3), 205-215.

Carreño, P.A. (1976). *Estudiar ≠ aburrirse. Entrenamiento para el estudio*. Madrid: Rialp.

Castillo, G. (1983). *Los padres y los estudios de sus hijos*. Pamplona: EUNSA.

Cueto, M.A. y Merino, N. (2007). Dinámica de grupos y habilidades sociales. *Manual del Monitor/a de Tiempo Libre*. 115-152. Junta de Castilla y León. Consejería de Familia e Igualdad de Oportunidades.

Díaz-Aguado, M.J. (2003). *Educación intercultural y aprendizaje cooperativo*. Madrid: Pirámide.

Dineen, J. (1987). *Como desarrollar la memoria*. Madrid: EDAF.

Eckert, M., Ebert, D. D., Lehr, D., Sieland, B., & Berking, M. (2016). Overcome procrastination: Enhancing emotion regulation skills reduce procrastination. *Learning and Individual Differences, 52*, 10-18.

Frojan, M.X., García, T. e Hita, J.A. (1998). Entrenamiento de las habilidades sociales en universitarios: resultados al año de seguimiento. *Análisis y modificación de conducta 24* (97), 703 721.

Gallegos, J., Linana-Thompson, S., Stara, K. y Ruvalcaba, N. (2013). Preventing childhood anxiety and depression: Testing the effectiveness of a school-based program in Mexico. *Psicología educativa 19* (1), 37-44.

García, R., Traver, J.A. y Candela, I. (2001). *Aprendizaje cooperativo: Fundamentos, características y técnicas.* Madrid: Editorial CCS-ICCE.

Gardner, H. (2005). *Inteligencias múltiples* (Vol. 46). Barcelona: Paidós.

Gillen-O´Neel, C., Fuligni, A.J. & Huynh, V.W. (2013). To study or to sleep? The academic cost of extra studying at the expense of sleep. *Child Development Journal, 84* (1), 133-142.

Gómez, P.C., García, A. y Alonso, P. (1991). *Manual de TTI. Procedimientos para aprender a aprender.* Madrid: EOS.

Gonzalez, C., Llorente, J. y Ruiz, M.J. (2006). *Matemáticas aplicadas a las Ciencias Sociales 1.* Madrid: Editex.

Gothe, N. Pontifex, M.B., Hillman, C. & McAuley, E. (2013). The acute effects of yoga on executive function. *Journal of physical activity and health, 10* (4), 488-495.

Gutiérrez, S. et al. (2003). *Lengua y literatura.* Navarra: Anaya.

Hernández, F. (1990). *Aprendiendo a aprender. Métodos y técnicas de estudio para alumnos de EGB, BUP y FP.* Murcia: Lerko Print S.A.

Hernández, J.M., Pozo, C. y Polo, A. (1994). *Ansiedad ante los exámenes: un programa para su afrontamiento de forma eficaz.* Valencia: Promolibro.

Hernández, M. (2007). Perfeccionando los exámenes escritos: reflexiones y sugerencias metodológicas. *Revista Iberoamericana de Educación* 41.

Hoffbeck, G. y Walter, J. (1990). *Cómo tomar apuntes.* Bilbao: Ediciones Deusto S.A.

Howe, A. (1988). *Como estudiar.* Bilbao: Ediciones Deusto S.A.

Hug-Gins, E.R.I.C.A., Ennis, M. y Zuttermeister, P.C. (2000). Academic performance among middle school students alter exposure to a relaxation response curriculum. *Journal of Research and Development in Education, 33 (3),* 157.

Ibáñez, R., López, B., Martínez, J. y Menchén, F. (1983). *Eficacia en el estudio.* Madrid: Anaya S.A.

Jiménez, J. y González, J. (1998). *Técnicas de estudio para bachillerato y universidad.* Madrid: Tébar.

Johnson, D., Johnson R. y Holubec, E. (1999). *El aprendizaje cooperativo en el aula.* Barcelona: Paidós.

Kraushaar, J.M., y Novak, D.C. (2010). Examining the affects of student multitasking with laptops during the lecture. *Journal of Information Systems Education, 21* (2), *241.*

León B. (2009). Atención plena y rendimiento académico en estudiantes de enseñanza secundaria. *European Journal of Education and Psychology. 1*(3), 17-26.

León, J.A. (2004). ¿Por qué las personas no comprenden lo que leen? *Psicología Educativa 10* (2) 101-116.

León, J.A. y Slisko, J. (2000). La dificultad comprensiva de los textos de ciencias. Nuevas alternativas para un viejo problema educativo. *Psicología Educativa, 6* (1), 7-26.

Lorda, M.J. y Méndez, C. (1988). Procesamiento controlado y automático en el aprendizaje observacional. *Análisis y Modificación de Conducta, 14* (39) 41-60.

MacCann, C., Jiang, Y., Brown, L. E., Double, K. S., Bucich, M., & Minbashian, A. (2020). Emotional intelligence predicts academic performance: A meta-analysis. *Psychological Bulletin, 146*(2), 150.

Maddox, H. (1967). *Cómo estudiar.* Barcelona: Tau.

Marks, H.M. y Louis, K.S. (1997). Does teacher empowerement affect the classroom? The implications of teacher empowerement for instructional practice and student academic performance. *Educational evaluation and policy analysis, 19* (3), 245-275.

Martínez-Monteaguado, M.C., Inglés, C.J. y García-Fernández, J.M. (2012). Evaluación de la ansiedad escolar: revisión de cuestionarios, inventarios y escalas. *Psicología educativa, 19* (1), 27-36.

Martínez-Otero, V. (1996). Factores determinantes del rendimiento académico en enseñanza media. *Psicología educativa, 2* (1),79-90.

Marugán, M., Martín, L.J., Catalina, J. y Román, J.M. (2012). Estrategias cognitivas de elaboración y naturaleza de los contenidos en estudiantes universitarios. *Psicología educativa, 19* (1), 13-20.

Mayo, W.J. (1988). *Cómo leer, estudiar y memorizar rápidamente.* Madrid: Playor.

Merino, N., Cueto, M.A., Estrada, M., Cueto, D. y Díez, E. (2018). Método de estudio LSERAE: análisis ex-post-facto. *Supervisión 21, 49.* 1-49.

Montanero, M. y León J.A. (2001). Enfoques para "enseñar a comprender" en la Educación Secundaria. *Psicología Educativa, 7 (*1), 29-47.

Monterde, F. (1988). *Método "Artex-7" para estudiar más y mejor.* Barcelona: PPU.

Monterde, M. (1988). *Método "RL-250". Para leer más y mejor.* Barcelona: Instituto Monter.

Moreno, A. y otros. (1985). *Ciencias de la Naturaleza.* Zaragoza: Edelvives.

Muñoz-Delgado, M.C. (2003). *Geografía Bachillerato.* Madrid: Anaya.

Nickerson, R.S., Perkins, D.N. y Smith, E.E. (1998). *Enseñar a pensar. Aspectos de la aptitud intelectual.* Barcelona: Hurope, S.L.

Orr, F. y Fletcher, C. (1991). *Cómo triunfar en los exámenes.* Bilbao: Ediciones Deusto S.A.

Pelechano, V. (1989). Conclusiones y recomendaciones. *Análisis y Modificación de Conducta, 15,* (45-46), 319-332.

— (1989). La planificación del estudio. *Análisis y Modificación de Conducta, 15* (45-46), 101-137.

Pérez, E., Lescano, C., Heredia, D., Zalazar, P., Furlán, L. y Martínez, M. (2011). Desarrollo y análisis psicométricos de un inventario de autoeficacia para inteligencias múltiples en niños argentinos. *Psicoperspectivas, 10* (1), 169-189.

Pujolàs, P. (2001). *Atención a la diversidad y aprendizaje cooperativo en la educación secundaria obligatoria.* Málaga: Aljibe.

Redondo, L.C. (2016). *Manual de ventilación mecánica.* Jaén: Formación Alcalá.

Rohrer, D. y Pashler, H. (2007). Increasing retention without increasing study time. *Current Directions in Psychological Science, 16* (4), 183-186.

Rowntree, D. (1985). *Aprende a estudiar. Introducción programa a unas mejores técnicas de estudio.* Barcelona: Herder.

Sánchez, O. (2001). Implicaciones Educativas de la Inteligencia Emocional. *Psicología educativa, 7* (1), 5-27.

Saura, C.J.I., Gil, G.B., Redondo J., Fernández, J.M.G., Esteban, C. R., Casellas, C. E., y Huescar, E. (2009). Conducta prosocial y rendimiento académico en estudiantes españoles de Educación Secundaria Obligatoria. *Anales de psicología. 25* (1), 93-101.

Serrano, I., Escolar, C. y Delgado, J. (2002). Eficacia diferencial de estrategias de afrontamiento en la reducción de la ansiedad ante los exámenes. *Análisis y Modificación de Conducta, 28* (120), 523-550.

Sirois, F. M. (2014). Procrastination and stress: Exploring the role of self-compassion. *Self and Identity, 13*(2), 128-145.

Slavin, R. (1985). *La enseñanza y el método cooperativo.* México: Edamex.

Staton, T.F. (1986). *Cómo estudiar*. México: Trillas S.A.

Tejedor, F.J.T. y Muñoz-Repiso, A.G.V. (2007). Causas del bajo rendimiento del estudiante universitario (en opinión de los profesores y alumnos): propuestas de mejora en el marco del EEES. *Revista de Educación, 342*, 419-442.

Tierno, B. (1988). *Cómo estudiar con éxito*. Barcelona: Plaza Joven Ediciones.

Torrego, J.C. (Coord.) (2000). *Mediación de conflictos en instituciones educativas. Manual para la formación de mediadores*. Madrid: Narcea.

LOS AUTORES

El Psicólogo General Sanitario **David Cueto Marcos** es Licenciado en Psicología por la Universidad de Oviedo y Postgrado en Psicopatología Clínica por la Universidad de Barcelona. Actualmente es miembro del equipo de *Cepteco* (León) y del *Centre Dr. Guilera* (Barcelona) en áreas de clínica e investigación neuropsicológica. Ha colaborado desde hace más de 5 años en el curso de Técnicas de Estudio. Trabaja habitualmente con adolescentes en el campo educativo y emocional.

El Psicopedagogo y maestro en Educación Especial **Nicolás Merino García** es miembro del equipo *Cepteco* de (León) colaborando desde hace más de 20 años en el curso de Técnicas de Estudio e implementando intervenciones, tanto individuales como grupales, ante necesidades académicas y educativas. Igualmente, compagina su vida profesional en el ámbito de la atención a personas con discapacidad en diferentes asociaciones e instituciones. En la actualidad es responsable de los servicios de centro de día y residenciales de una asociación que atiende a personas con discapacidad intelectual o del desarrollo en la provincia de León.

El Psicólogo Especialista en Psicología Clínica **Miguel Ángel Cueto Baños** es director de *Cepteco* (León), lleva desarrollando desde hace más de 35 años el curso de Técnicas de Estudio. Trabaja como terapeuta en el ámbito de la psicología clínica y ha publicado varios libros en este campo. Igualmente, ha escrito numerosos artículos e impartido múltiples cursos de formación en diversos centros escolares y ha desarrollado diversas Escuelas de Padres para poder ayudar a los hijos e hijas en su desarrollo personal.

PETICIÓN

El equipo de Cepteco te agradece la compra y le gustaría que hicieras un comentario sobre este libro. Podrías hacerlo a través de la página donde adquiriste este ejemplar, como por ejemplo:

Europa:

    España: www.amazon.es

    Alemania: www.amazon.de

    Francia: www.amazon.fr

    Italia: www.amazon.it

    Reino Unido: www.amazon.co.uk

América:

    Brasil: www.amazon.br

    Canadá: www.amazon.ca

    Estados Unidos: www.amazon.com

    México: www.amazon.com.mx

Asia:

    Japón: www.amazon.com.jp

Australia: www.amazon.com.au

— Muchas gracias —